Zhongguo Wenhua
Zhishi Duben

中国文化知识读本

莫高窟壁画

主编

金开诚

编著

王思博

吉林出版集团有限责任公司

吉林文史出版社

图书在版编目（CIP）数据

莫高窟壁画 / 王思博编著. —— 长春：
吉林出版集团有限责任公司：吉林文史出版社，2009.12 （2023.4重印）
（中国文化知识读本）
ISBN 978-7-5463-1975-9

Ⅰ. ①莫… Ⅱ. ①王… Ⅲ. ①敦煌石窟-壁画-简介
Ⅳ. ①K879.41

中国版本图书馆CIP数据核字(2009)第237398号

莫高窟壁画

MOGAOKU BIHUA

主编/ 金开诚 编著/王思博

项目负责/崔博华 责任编辑/曹 恒 于 涉

责任校对/樊庆军 装帧设计/曹 恒

出版发行/吉林出版集团有限责任公司 吉林文史出版社

地址/长春市福祉大路5788号 邮编/130000

印刷/天津市天玺印务有限公司

版次/2009年12月第1版 印次/2023年4月第6次印刷

开本/660mm×915mm 1/16

印张/8 字数/30千

书号/ISBN 978-7-5463-1975-9

定价/34.80元

前 言

　　文化是一种社会现象，是人类物质文明和精神文明有机融合的产物；同时又是一种历史现象，是社会的历史沉积。当今世界，随着经济全球化进程的加快，人们也越来越重视本民族的文化。我们只有加强对本民族文化的继承和创新，才能更好地弘扬民族精神，增强民族凝聚力。历史经验告诉我们，任何一个民族要想屹立于世界民族之林，必须具有自尊、自信、自强的民族意识。文化是维系一个民族生存和发展的强大动力。一个民族的存在依赖文化，文化的解体就是一个民族的消亡。

　　随着我国综合国力的日益强大，广大民众对重塑民族自尊心和自豪感的愿望日益迫切。作为民族大家庭中的一员，将源远流长、博大精深的中国文化继承并传播给广大群众，特别是青年一代，是我们出版人义不容辞的责任。

　　本套丛书是由吉林文史出版社和吉林出版集团有限责任公司组织国内知名专家学者编写的一套旨在传播中华五千年优秀传统文化，提高全民文化修养的大型知识读本。该书在深入挖掘和整理中华优秀传统文化成果的同时，结合社会发展，注入了时代精神。书中优美生动的文字、简明通俗的语言、图文并茂的形式，把中国文化中的物态文化、制度文化、行为文化、精神文化等知识要点全面展示给读者。点点滴滴的文化知识仿佛颗颗繁星，组成了灿烂辉煌的中国文化的天穹。

　　希望本书能为弘扬中华五千年优秀传统文化、增强各民族团结、构建社会主义和谐社会尽一份绵薄之力，也坚信我们的中华民族一定能够早日实现伟大复兴！

目录

一、敦煌莫高窟壁画的发展概况

（一）隋代前的引入和突破

北朝时期的敦煌壁画，在敦煌壁画发展的整个历史过程中是"引入与突破"的时期。引入的是印度和西域的佛教艺术，突破的是外来的文化格局。它逐步地融合了来自天竺、西域的佛教艺术和来自中原的本土艺术，渐渐显露出了自己独特的敦煌艺术特色，但不同时期的壁画由于受到政治、宗教、风俗的影响，表现出不同的艺术面貌。傅抱石先生在《中国绘画变迁史纲》一书中曾说："六朝的画风，洵可说是完全的佛教美术。"以菩萨画像为例，众所周知，救苦救难的菩萨是男身，但此时菩萨画像在印度、西域佛教艺术的背景下，形成了独特的风格，使六朝的菩萨画像在继承的基础

敦煌莫高窟石碑

上结合本民族的特征，创造出了独特的菩萨形象，为后来隋唐时代敦煌壁画的繁荣兴盛奠定了深厚的基础。

北凉和北魏时期为了适应僧侣修禅观想和善男信女巡礼瞻仰，这一时期壁画的主要题材是本生故事和佛传故事等。如《月光王施头千遍》《尸毗王割肉贸鸽》《菩萨降魔》等，这时期人物的造型开始变得修长，动态多姿，面相饱满，西域的影响开始减弱，本土化特征明显。北凉和北魏的菩萨画像较为相似，此时画师们在模仿印度舶来绘画作品的过程中，领悟了晕染方法。所以画法自然与周、秦、汉不同，富有印度特色，在土红色为底色的基础上，用青、绿、赭、白等色敷彩，头戴花蔓，曲发垂肩，椭圆的脸上，直鼻大眼格外的明显，耳轮长垂，体态修长，上身半裸，衣着似印度风格，虽然装饰华丽，却似女相。如衣服折纹，线与线的联合和展布，边缘所缀菱花麻叶的模样，都呈现出特殊的格调。

西魏时期的东阳王元荣出任瓜州刺史，他大力推崇佛教，不仅亲自抄写佛经，还将中原的画风带到了敦煌地区。这一时期出现了传统的神话题材，如日天（伏羲）、月天（女娲）、雷神、飞天，还有成排的岩穴间的苦修者，以及青龙、白虎、十二首龙等异兽和非佛教神话中的东王

敦煌莫高窟又名"千佛洞"

莫高窟壁画

公、西王母。在人物形象上也出现了中原艺术新风：一方面以白粉为底色的"秀骨清像"为造型特征，注重神韵气度表现。其菩萨画像是一副清秀士大夫的形象，身材高大，身穿厚重多褶纹方领的汉族长袍，腰束络带，脚登高头履。另一方面，传承前代的风格，以土红色为底色，菩萨上身裸露，下身系长裙，以凹凸画技法绘制而成。

敦煌莫高窟力士壁画

北周是少数民族建立的政权，鲜卑族统治者崇信佛教，且通好西域，因而莫高窟再度引入西域龟兹（汉代西域国名，在今天新疆库车县）石窟艺术的风格特点，此时的菩萨像是西域式造型与中原"秀骨清像"相结合而产生的。最突出的特点是，面部和躯体采用凹凸晕染法，因为年代的久远，出现了白色现象：白棱、白鼻梁、白眼眶、白下巴。菩萨体态既有印度菩萨的特点，又有西域菩萨的特点，健壮的身材像男性，而裸露的上身、圆大突出的乳房却像女性。从莫高窟第428窟北壁的"降魔变"中我们可以清楚地看到这些特点。

（二）隋代——唐代早期

隋代不仅是敦煌莫高窟艺术发展史上变革精神活跃的时期而且也是中西融合的时期，在整个敦煌艺术的发展上起到承上启下的作用。隋朝统一天下后，隋文帝崇信佛教，首先把人间变成了佛国，在最高统治者的提倡下，全国建立寺塔 5000 所，佛像数万身，有专职僧尼五十余万人。费长房在《历代三宝纪》中将隋文帝称为"大行菩萨国王"。隋代的莫高窟竟开凿了 77 个窟，且规模宏大，壁画技艺精湛，存在着两种不同的画风。一种是张彦远所谓"迹简意淡而雅正"的"疏体"，"笔才一二，象已应焉"，形成了隋代壁画一种特色；另一种画风，无论人物还是起衬托作用的活动环境、院落、

敦煌莫高窟反弹琵琶伎乐壁画

山峦树木等等，都刻画得细腻真实，这就是张彦远所谓"细密精致而臻丽"的"密体"。这两种风格至唐初逐渐融合，为唐代壁画风格的形成奠定基础。

新时代的到来使各类题材的壁画都以新特点、新风格出现。菩萨的面相除了圆形也有方形和长形，而且也注意到了重心的问题，将原本僵直的双腿变成了一腿微曲，把重心放在另一腿上，腰胯自然倾斜，出现了女性曲线姿态，这是菩萨画像最大的变化，虽然有的菩萨唇边还有八字小胡，但整个身姿已变成了女性。此时的菩萨画像可以说是"女身男相"的菩萨。如隋代427窟的胁侍菩萨，已不同于北周时期那种头大腿短、面相丰圆、肩宽腹圆的造型特征。这种优美的姿态已从早期较多的使用夸张手法而逐渐趋于写实。衣着上多半袒露右肩，腰束锦裙，衣裙上遍饰各种波斯花纹，形成隋代菩萨像特有的风姿。这与隋朝经营丝绸之路，在张掖举办二十七国交易会，大力促进中西文化交流是分不开的。

唐代前期是李唐王朝社会繁荣的上升期，也是莫高窟的昌盛时期。这时的莫高

敦煌壁画作品《说经图》

敦煌莫高窟佛像壁画

窟开窟数量多达一千余窟，保存到现在的有232窟。石窟壁画艺术呈现一派生机蓬勃的景象，在继承了隋代莫高窟壁画艺术成就的基础上，随着交通的通畅，壁画艺术受中原艺术的影响，出现了新的风貌。例如：大型经变画《法华经变》《维摩诘经变》《西方净土变》《芳方净土变》等已经出现，并成为壁画表现的主要内容，这些大型经变画中有许多胁侍菩萨和大量的供养菩萨。此时菩萨已进一步女性化，造型更趋于写实，人体比例适度，身体和头的比例基本是 6.5 ：1。形象上更是千姿百态：有的肢体修长亭亭玉立、有的身姿扭曲"一波三

折"如"S"形。在开元天宝时期，还出现了"丰
腴腻体""曲眉丰颊"的杨贵妃形。"素面如
玉""长眉入鬓"是此时菩萨的典型面相，尽
管嘴唇上的小胡子还在，可是这胡须好似脸
上的装饰品，菩萨的动态神情已非男子形象，
而具有温柔娴静的表情，表现出了典型的唐
代女性美。故唐初高僧道宣说，造菩萨像："宋
齐间皆唇厚、鼻隆、目长、颐丰，挺然丈夫之像。
自唐以来，笔工皆端严柔弱似伎女之貌，故
今人夸宫娃如菩萨也。"画家赵公佑形容菩萨
像"妍柔姣好，奇衣宝眼，一如妇人"。敦煌
画工们为了"取悦于众目"，将菩萨像女性化、

晚唐菩萨画像

世俗化的现象，说明唐代敦煌壁画的菩萨形象与前几代相比逐渐的人性化，表达了人民对美好生活的一种憧憬。代表作品是初唐第57窟南壁说法图中的观音菩萨。

（三）中唐——晚唐

到8世纪中叶，由于安史之乱(755—763年)，中原地区的繁荣遭到严重破坏。敦煌的情况恰恰相反，不但没有受到叛乱的破坏，反而因僧人为避乱返回河西，带来内地流行的变相粉本和佛经变文，为敦煌莫高窟汇入了新鲜的血液。这些僧人包括撰写《大乘二十二问》的著名敦煌论师昙旷在内。安史之乱以后，唐王朝由鼎盛开始走向衰落，吐蕃乘虚进攻河西，攻陷了凉州、甘州、肃州、沙州等地。自河西敦煌地区被吐蕃占领之后，敦煌石窟艺术也开始走向衰落，失去初唐、盛唐时生机蓬勃、繁荣辉煌的景象。吐蕃也信佛教，莫高窟中唐洞窟中保存了大量吐蕃时期的壁画艺术，壁画内容以千佛、说法图、经变画、佛教史传故事画居多，艺术风格在中原唐风基础上向世俗化更近一步。第231窟、237窟是代表石窟。

此时的敦煌壁画在继承唐前期画风的基

础上融入了"吐蕃风格"，创造出了《张议潮统军出行图》《宋国夫人出行图》两幅大型历史题材的作品。尽管如此，唐后期的敦煌壁画与其政治形势相似，虽然也产生了许多优秀作品，在技术上直追盛唐，但总的趋势已是江河日下。菩萨画像已无唐代前期那样潇洒动人，装饰变得沉静简朴，淡彩素雅，体态大于真人，头有圆光，面相丰圆。蝌蚪形胡髭，神态慈祥，面露笑容，一手举胸前，双足踩大莲花，举止优雅，身着天衣、腰系长裙，整个菩萨画像线描流畅，赋彩淡雅，是中唐吐蕃时期出现的一种新特点。代表作品如第 199 窟西壁佛龛外南介的大势至菩

敦煌莫高窟第 17 窟洪辩像

萨。

公元848年，张议潮乘吐蕃王朝发生内乱，聚众起义，经过十多年的斗争，全部收复河西、河湟等地，并遣使奉表归唐。唐王朝封张议潮为河西、河湟十一州节度使，建归义军，治沙州。张议潮时期，政治上的中兴，并未带来艺术上的繁荣。此时的壁画内容以大型经变画为主，另有千佛、说法图、佛教史传故事画等，具有较浓厚的政治色彩和民族意识，而且世俗性得到强化，虽然已经是唐代晚期，但仍能看出佛教显宗仍居正统。正如房娴在《简析敦煌壁画的民族风格变化》一文中所叙述："人物造型承袭吐蕃期余波，惟面相丰圆而略扁。一般人物形体描绘比较准确，但缺乏生气。晚唐

恢弘大气的传教壁画

敦煌莫高窟牌坊

艺术因洞窟的增大，出现了一些恢弘巨制，但程式化之风已经初现端倪。在供养人画像上，经变中穿插的生活小景，出现了许多'纺罗人物'，即张萱、周昉一派的仕女画，它代表着晚唐壁画的时代风格。"

（四）五代后的俗化与衰落

五代石窟艺术即曹氏归义军前期敦煌的石窟艺术，大都承袭晚唐的遗风，在画院画师的领导下，虽然在表现上、艺术水平上远不及唐代，但洞窟规模很大，比晚唐石窟更为宏伟壮观。而且肖像画、故事画、山水画

敦煌莫高窟第148窟南壁上部的《弥勒下生经变》

和巨形壁画方面仍有特殊的成就。壁画内容以大幅经变画为主，在公式化的经变画上形成统一风格，代表洞窟是莫高窟第100窟、108等窟；宋代洞窟即曹氏归义军后期（960年-1012年）的敦煌石窟艺术，多沿袭五代旧式，只有少数精美之作，很明显地步入衰落时期；在曹氏归义军与西夏之间还有一个短暂的时期，因为它的艺术与西夏艺术部分，学术界对它的研究也不充分，而且影响很小，所以在其他书中很少提及，它就是——沙州回鹘艺术，此时壁画表现的主题是千佛变，而且是一个洞窟的千佛变，以第16窟千佛为例，我们可以看到，图中千佛

敦煌莫高窟将壁画与佛
像完美地融合在一起

颜色、动作及周围装饰都是一样的，真可谓是千篇一律的"千佛"。主要代表洞窟是第16窟、409窟等。

1038年元昊建立了西夏王朝，形成了宋、辽、西夏三足鼎立局面。在西夏统治敦煌的一百多年间，由于重视经济发展，使敦煌保持着汉代以来"民物富庶，与中原不殊"的水平。西夏统治者崇信佛教，不排斥汉文化，在文化艺术方面也有大的发展。但洞窟型制仿造宋朝，开凿过一些小型的佛龛，壁画题材也是传承宋代画风，内容以千佛、菩萨为主，并重视图案装饰效果，颜色轻快明了，

敦煌莫高窟佛像壁画

表现出适应敦煌地区民族信仰的独特艺术风格。以第465窟的双身像为例，此时的颜色已远离唐代的红绿补色对比，也没有唐代那富丽堂皇的装饰，我们从图中可以看到，图中以石青色描绘后者的四肢，以土红色来做背景，这种颜色组合，表现出游牧民族粗犷豪放的气概。至今，莫高窟、西千佛洞和榆林窟仍保存着大量丰富而独特的西夏佛教艺术。举世闻名的"敦煌遗书"即在西夏统治时期（1036年）封藏于莫高窟第17窟内。

1227年，蒙古大军灭西夏，攻克沙州等地，河西地区归元朝所有。此后，升敦煌为沙州路，隶属甘肃行中书省。后升为沙州总管府。当时瓜、沙二州屯兵济济，营寨栉比，屯垦农兵遍布党河、疏勒河流域，敦煌一度呈现出经济文化繁荣的景象，与西域的贸易也更加频繁。著名旅行家意大利人马可·波罗就是这一时期途经敦煌漫游到中原各地。元朝统治者也崇信佛教，所以莫高窟的开造得以延续。现存元代洞窟8个。元代的洞窟从内容到形式都展现出一种新的风貌，有些精湛的佳作。这一时期的壁画中，虽然新题材很少，但吸收了许多新的外来技艺，一展风貌，如：构图锐意简化，色彩多以绿色为

敦煌莫高窟洞窟顶部飞天壁画

底色，用土红色勾线，而整个画面色调偏冷。壁画中较多地使用沥粉堆金手法，这是前代所少见的。自元朝以后，千里河西逐渐失去了昔日的光彩。正如沙武田先生在《敦煌文明再现》一书中所描述的："明清时期的敦煌莫高窟艺术，凿建洞窟两个，编号为11、228。重修洞窟218个。这一时期是敦煌石窟艺术的没落期，开窟极少，重修又不得法，毁多于修，彩塑粗劣，佛道混杂，典型的末世气象。"

敦煌莫高窟洞窟一景

莫高窟壁画

二、敦煌壁画的主要内容

（一）尊像画

　　沙武田先生在《敦煌文明再现》一书中将尊像画定义为"凡宗教徒依教义供奉的单体像或群体像，不论是塑是画是雕是刻，均可称为尊像"。其中包括各种佛像——释迦牟尼佛、弥勒佛、阿弥陀佛、药师佛、七世佛、三世佛、三身佛、五方佛、释迦、多宝佛、十方诸佛、贤劫千佛等；各种菩萨——观音菩萨、大势至菩萨、文殊菩萨、普贤菩萨、地藏菩萨、供养菩萨、八大菩萨、十大菩萨等；天龙八部——天王、龙王、夜叉、飞天、阿修罗、迎楼罗（金翅鸟王）、紧那罗（乐天）、大蟒神等等。观音——

敦煌莫高窟尊像画

十一面观音、如意轮观音、水月观音、马头观音等；佛教弟子——阿难、迦叶、舍利弗、十大弟子等；四大天王、力士、金刚、药叉、梵天、帝释、维摩诘，还有密教的千手千眼观音、双身像、明王等。也包括佛教高僧和其他众多画像。

以释迦牟尼为主角的传记性连环壁画（局部）

（二）故事画

佛传故事画是表现释迦牟尼从入胎——成长——出家——悟道——成佛以及涅槃等被神化了的传记性故事连环画。主要依据《释迦普》《佛本行集经》《佛本行经》《修行本起经》《佛说太子瑞应本起经》《过去现在因果经》《佛所行赞》等经典佛经绘成。在表现手法上一般是一个故事一个画面，像乘象入胎、夜半逾城、出游西门、降魔、鹿野苑说法、涅槃等释迦牟尼生平事迹大都采取这种表现形式。除了此种表现手法外，部分壁画还以长卷式连环画来表现，到了晚期则主要以屏风画形式表现，代表作有莫高窟第290窟长卷式和第61、第454二窟四壁屏风佛传故事画最为全面。其中第61窟的屏风画佛传故事画最有代表性。

本生故事画描绘释迦牟尼成佛前若干世忍辱牺牲、救世救人的种种事迹与善行的画。《贤愚经·慈力王血施品》云："我今以身血，济汝饥渴，令得安隐（稳）。后成佛时，当以法身戒定慧血，除汝三毒诸欲饥渴，安置涅槃安隐（稳）之处。阿难，欲知尔时慈力王者今我身是，五夜叉者今福陈如等五比丘是。"所谓法身戒定慧血，即经历前世无数的难行苦行，成就的释迦牟尼佛法之身。在莫高窟内常见的有"摩诃萨埵舍身饲虎""尸毗王割肉救鸽""九色鹿舍己救人""快目王施眼""月光王施头""毗楞竭梨王身钉千钉"等。主要依据的经典有《大智度论》《菩萨本缘经》《九色鹿经》《大般涅

敦煌莫高窟动物壁画

莫高窟壁画
022

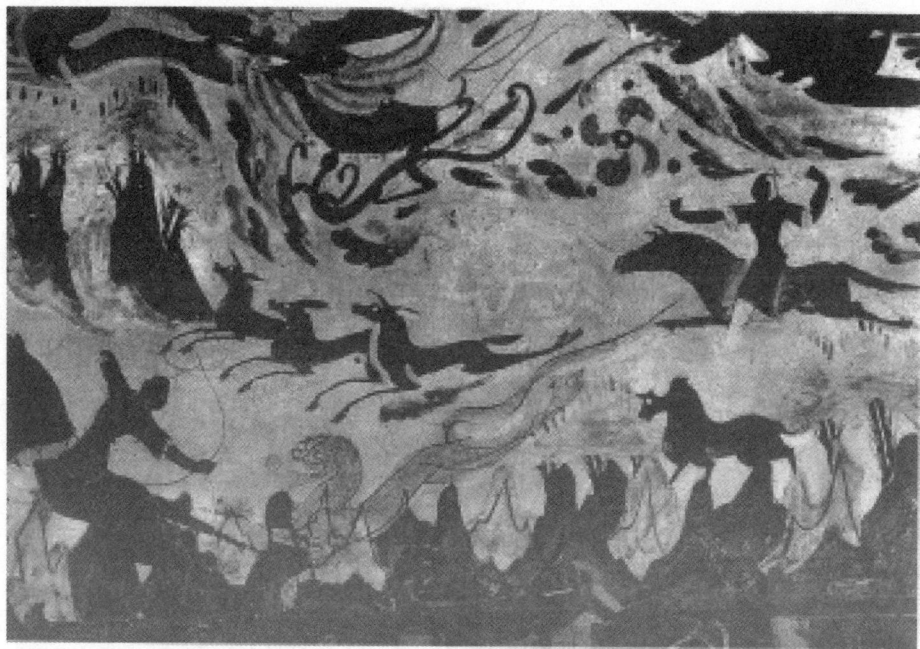

敦煌莫高窟壁画《狩猎图》

槃经》《大方便报佛恩经》等。

　　本生故事最有代表性的当属莫高窟北魏第 257 窟九色鹿本生。九色鹿本生是根据三国吴支谦译《佛说九色鹿经》来绘制的，故事说有一个人落入水中，被九色鹿救起，九色鹿告诉溺水人不要泄露自己的行踪，可是此人背叛誓言，将九色鹿出卖给国王，九色鹿向国王讲述溺水人见利忘义的行为，正义的国王为其感动，下令全国不能抓捕九色鹿，而溺水人遭到报应，全身生疮而死。

　　快目王施眼讲的是远古的时候，有一个名叫富迦罗拔的国家，国王名叫快目王。一天，他静坐自思："我因前世因缘的福报，今天才当了万民之主，财物随意，富如四海。这些财富权力如果用完了就没有办法再产生，恐怕来世必定要受苦受难。所以我要趁现在广种福田，多积善业，一点儿也不敢松懈怠慢。"快目王想好后，立即向全国各地宣布命令："国中一切人民中，如有贫穷苦难，缺衣少物的人，任意来取。"并告诉八万四千小国也要打开国库，向人民布施一切。有一个最边远的小国，国王叫波罗陀跋弥。这个小国王倚仗天高地远，不服从快目王管理。快目王得知后，要兴兵讨伐。波罗陀跋弥听说了这一消息后，想出了一个阴毒的办法，让一个盲人向快目王索要眼睛，

敦煌莫高窟壁画内容丰富多彩

莫高窟壁画

心想，快目王没有眼睛，就不能征兵了。善良的快目王不知道这是个阴谋，便把眼睛给了盲人。然后，天地震动，天界宫殿，一齐动摇，天帝天神愕然吃惊，一齐从空中飞来。如雨一样，撒下各种香花，供养菩萨，赞美感叹："快目大王的善行太奇特，太伟大了！"波罗陀跋弥王听说此事后，恼恨愤怒，忧愁气结，心碎肝裂，气绝身亡。

月光王施头是根据《贤愚经》绘制的，是莫高窟最早的本生故事画之一。经文大意是说：有一国王名叫月光，仁慈恩惠，救济穷困，民众受其恩惠。另有一小国王名叫毗摩斯那，为此而心生嫉妒，悬赏募人取月光王的首级，宣告如有得月光头者，"分国半治，以女妻之"。一人应募前往，他向月光王乞求施头时，月光王愉快答应。在他举刀欲砍时，树神以"神通力"惩罚了他。国王对树神说："我过去曾在此树下布施过九百九十九头，今施一头，便满一千，不用阻拦。"任那人砍头而去。天神从天而降，赞叹月光王德行已满。毗摩斯那闻声，欢喜异常，但却惶恐不安，继而心裂身亡。壁画取献头一个场面，自成独立的画面以突出故事主题。壁画以土红

敦煌莫高窟伎乐图

敦煌莫高窟壁画中有很多传说故事

为底色，色调质朴淳厚，单纯豪放；造型和构图均极简练、古朴、稚拙。

毗楞竭梨王身钉千钉发生在古印度，有一个叫毗楞竭梨的国王，统治着八万四千个诸侯小国，但他却无意于这万里江山，一心只想积德行善，以修来世。他命令侍臣四处贴出告示，晓谕天下；谁能给国王讲经说法，国王将赐给他所需要的一切。有一个居住在深山坳里的婆罗门，名叫劳度叉，得到这个消息后便连夜来到皇宫。毗楞竭梨王喜出望外，亲自出宫把劳度叉迎入大殿。劳度叉吃饱喝足之后，傲然盘坐在高位上开了腔：提出若让他讲法，就得在毗楞竭梨王身上钉一千根钉子。毗楞竭梨王一惊，但想到先贤舍身求道的事迹，便慨然应允。劳度叉傲然地盘坐在高位上，讲了几句偈语："一切皆无常，生者皆有苦，诸法空无主，实非我所有。"说完，他就给毗楞竭梨王身上钉了一千枚铁钉。在场的人们目睹此惨状，无不痛心疾首，号啕大哭，似山呼海啸。哭声惊动了诸天神，他们不知人间发生了什么事，一齐下凡，见毗楞竭梨王身钉千钉，舍身求法，无不感动，用法力将毗楞竭梨王的身体恢复如初。顿时，仙乐

展现生活场景的壁画

缥缈，祥云缭绕，诸天神和百姓欢声雷动，全城沉浸在吉祥幸福的气氛中。劳度叉独自一人悄悄地溜走了。作为敦煌早期壁画中广泛流行的题材，它的主要功能是宣传"因果报应"，虽然打上了宗教的烙印，但仍保持着神话、民间故事的本色。

因缘故事画是释迦牟尼成佛后度化众生的故事画。主要题材有：须摩提女因缘、弊狗因缘、沙弥守戒自杀缘品、五百强盗成佛、微妙比丘尼现身说法、梵志夫妇摘花坠死、难陀出家缘等。主要表现手法是以横卷式来表现，按时间的顺序分别画出故事情节。所依据的佛经有：《贤愚经》《大般涅槃经》《法句譬喻经》《经

弥勒经变壁画

律异相》《大方便佛报恩经》《撰集百缘经》等。因缘故事最具代表性的是莫高窟西魏第285窟的五百强盗成佛因缘，根据《大般涅槃经·梵行品》而作。故事概况是有五百群贼作乱，被国王的军队征服后，先后被判刑并被放逐于山林，佛以法力使他们恢复正常，并为他们现身说法，使五百强盗皈依了佛门，参禅入定，最后修成正果。画面一开始便展现军队追捕强盗的冲突高潮，然后逐渐降低调子。

佛教史迹故事画是根据史籍记载画成的故事，大体上可分为五类：佛教历史画、感应故事画、瑞像图、高僧事迹画、佛教图经。取材多依据《大唐西域记》《西域传》《法显传》及高僧和圣迹的记载。这类画多绘于洞窟龛内四

佛教历史故事画

莫高窟壁画

佛教活动场景壁画

坡、甬道两壁上部和角落处等次要地方。但也有的绘于正面墙壁，代表作如第 323 窟佛图澄各种神异故事：高僧佛图澄是后赵皇帝石虎推崇备至的国师，他精通经典论著，在《梁书·佛图澄传》、南朝梁慧皎《高僧传》中均有记载。洞窟常见的是佛图澄听铃音辨吉凶故事画和佛图澄幽州灭火故事画。其中佛图澄听铃音辨吉凶故事画的画面是：在深山旁有一铃垂檐的佛塔，塔侧一僧，将手放在耳旁听铃音；还有一个在塔前的僧人，对着塔作讲话状；又有一个带着随从的王者与高僧讲话状。佛图澄幽州灭火故事画，画面中石

敦煌莫高窟彩塑佛像

虎坐在茶几后，而佛图澄端碗立于王前，一手指端有乌云腾飞；右上方城市中烈火升腾，城上乌云密布，云中降滂沱大雨。

（三）装饰图案画

此类画指敦煌石窟壁画、建筑、彩塑及敦煌出土物上的各种装饰纹样。这些图案是敦煌的艺术家们在绘画时，为了区别画与画之间的关系以及在处理洞窟建筑边角部位时采用的一种装饰手法，还有一种说法是由于有些画面本身的寓意简单，宗教含义比较淡薄，受约束少，因此画家们为了增加画面的艺术效果和表现力，便用一些装饰图案来丰富洞窟壁画中的人物服饰、建筑、器物、佛光、塑像。华盖、莲座、幡幢、地毯等这些图案主要分布在佛、菩萨、弟子、天王周围。莲荷纹、葡萄纹、石榴纹、茶花纹、卷草纹、云头纹、游龙戏凤纹、回纹、联珠纹以及绫锦花纹，这些主要分布在壁画边缘和藻井的井心周围。其实它本身在洞窟中的角色就是起到美化装饰的效果，使洞窟壁画更加异彩纷呈，多姿多彩。陈江晓在《敦煌壁画构图分析》中概括了这些图案的主要特点："多采用二方连续纹样，既有具象的凤鸟、龙虎、云气、

敦煌莫高窟佛像壁画

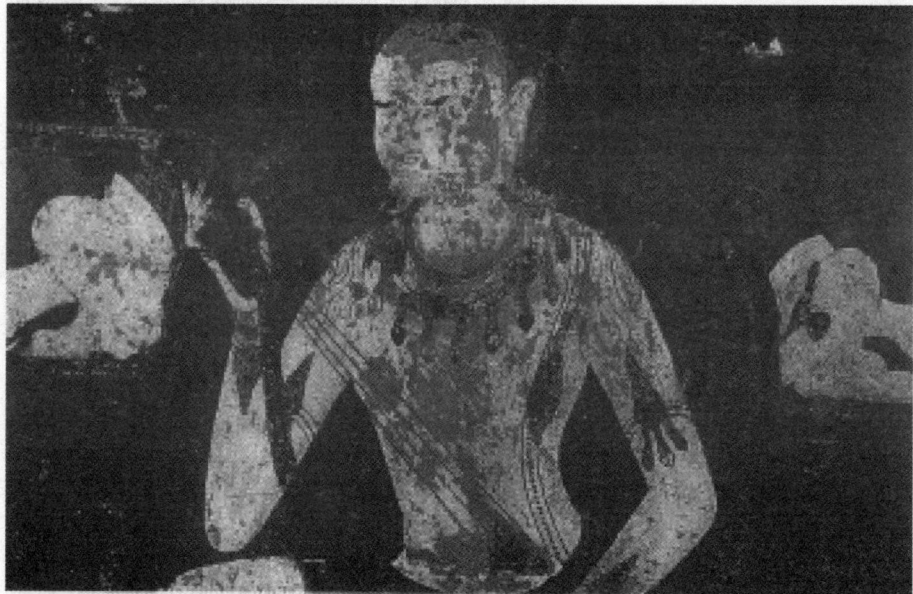

敦煌莫高窟第217窟北壁的
《观无量寿佛经变》（局部）

百花，又有抽象的几何纹样等；图案或是垂直、水平，或是相对、相背，形成多种优美的边饰，使石窟壁画相互贯通，共同构筑成一幅完整协调的艺术画卷；遵循着对称原则、平衡原则。有的则信笔画来，大看为对称，实则各个单元都不相同，极为自由流畅。体现了极高的多样统一的审美原则。"

（四）经变画

此类画是一定社会背景下的产物，隋唐时期，也是敦煌莫高窟的鼎盛期，当时大乘佛教广泛流行，大乘佛典艰涩难懂的文词不适应大众解读的需要，于是产生了用于俗讲的讲经文。

它可分为三种：经变、变相或变文，所谓经变是将深奥的佛教经典用通俗的语言表现出来。变相是把佛经中可以表现的内容，用绘画的方式绘在墙壁上，就是我们今天在莫高窟看到的壁画。而用文字、讲唱手法来表现则叫作"变文"。作为莫高窟壁画的重要组成部分，现存经变画 33 种，现将主要的经变介绍如下：

阿弥陀经变亦称西方净土变。什么是"净土"呢？印度佛教认为，我们现在生活的这个世界充满了痛苦、肮脏，要经过佛教信仰的修炼，才能得到解脱，进而渡过苦海到达"净土"。中国人相信，日常生活本身就是一种宗

敦煌莫高窟第 45 窟北壁的
《观无量寿佛经变》（局部）

教，把现实的生活过得更快乐、更幸福，也就达到宗教里所说的"净土"了。阿弥陀经变是唐代前期现存各种经变画中最多的一种。在敦煌第172窟总共有一百多壁，具体地描绘了"极乐净土"，画面以《佛说阿弥陀经》为依据，着重表现佛国世界的华丽与欢乐。经过漫长的发展阶段，至唐初武德年间还只有一些小型的构图，到了贞观年间变得完备了。潘絜兹先生说："当时净土宗流行……它是人民追求幸福愿望的升华，虽然采取了宗教信仰的形式出现，基本上却是健康的，带有浪漫主义的色彩。这也是现实主义艺术传统，在当时历史和宗教种种条件局限下，辩证地发展的又一个例子。"

弥勒经变。隋代的弥勒经变壁画,是以《弥

敦煌莫高窟佛像

勒上生经》为依据，构图简单，画面中弥勒菩萨头戴宝冠，坐于宫殿内，两侧重楼高阁中有天女歌舞奏乐，表现的是弥勒上生统率天宫的情景。而唐代多数弥勒经变以《弥勒下生成佛经》为主要依据，图中画善枷坐弥勒佛像，上有宝盖悬空，左右圣众围绕。还有将上述两种合为一幅的壁画，上部画弥勒菩萨上生统率天，下部画弥勒下生成佛。如445窟盛唐《弥勒经变》，黄骏在《唐代敦煌壁画人物风格研究》中对这一幅经变进行了概述："采用穿插式构图，即把'弥勒世界诸事'与主体'弥勒三会'合在一起绘制：画面中间为大型弥勒三会说法图；本尊下方绘香案供品、并七宝，以及王、王妃、太子、大臣、彩女等剃度图；画面上部表现的是弥勒上生统率天宫的情景，弥勒菩萨居主宫说法，有诸天守护宫殿。"

法华经变。在唐代前期形成了它的完整结构，成为敦煌壁画中画面最复杂、变化最多的一种。它以《妙法莲花经》为依据，构图形式不一，有的则单独成幅，如《观世音普门品》逐渐发展成为独立的观音经变。有的以《法华经序品》内容为中心，在四周环绕各品的故事情节。在法华经二十八品中，

《弥勒经变》（局部）

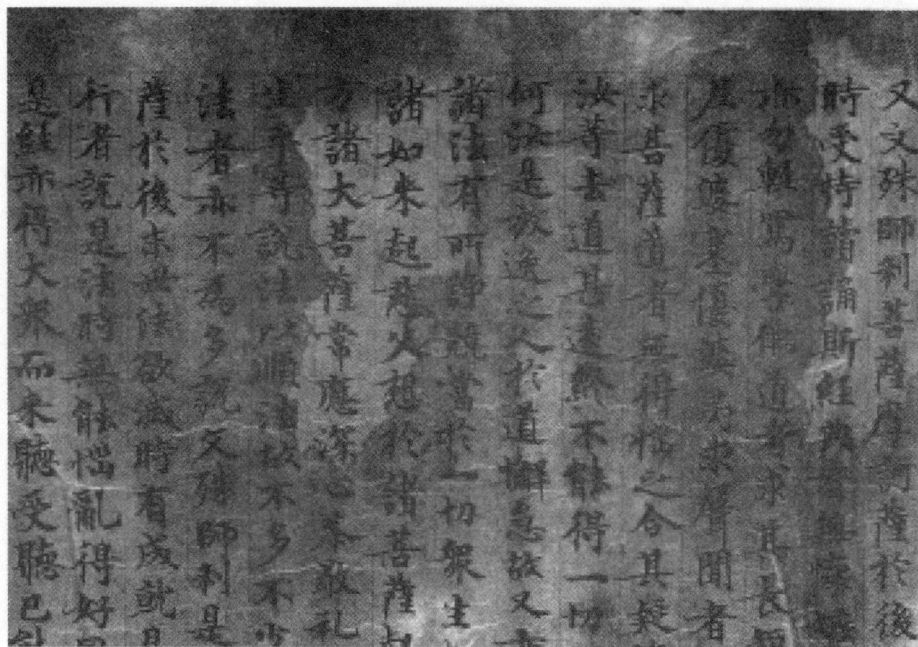

《妙法莲华经》（局部）

譬喻品（是一所火烧的房子，譬喻人之不知求佛，犹如处于此着火的房子中的孩子们一样，大人告诉他们门外有各种好玩的东西，他们才肯出来）、信解品（是清洁扫除的景象）、药草喻品（是农夫在雨中耕作）、幻城品（是人之求法不能持，犹如旅行者人马疲惫，他们的道师便在青山绿水之间，变化出一美丽的城市作为目标，促使他们继续前进）、宝塔品（是从地涌出七宝塔，中间坐释迦和多宝二佛）、妙庄严王本事品（是净藏、净眼二王子为种种奇异变化）等是常见于图绘的。

报恩经变。报恩经共有九品，其中有四品

敦煌莫高窟第 148 窟甬道顶南壁《报恩经变》中的《恶友品》

常见于图绘：孝义品、论议品、恶友品、亲近品。该题材最早出现在莫高窟第 31 窟，虽然我们无法得知这幅《报恩经变》的历史背景，但此窟距南朝的《报恩经》已有三百余年。在莫高窟第 148 窟绘制《报恩经变》，是建于唐与吐蕃争夺敦煌战争之际，它的目的在于激励唐人抗蕃，表现中国"战场无勇非孝也"的古训。敦煌石窟现存唐代的《报恩经变》近三十幅，而且在许多重要的洞窟中处于首要位置。不仅如此，一些人将"报恩吉祥窟""报恩君亲窟"作为自己所造佛窟的窟名，借佛教活动来体现中国古代报恩亲君的伦理道德，借佛教壁画来展示中国封建社会的礼法制度。

维摩诘经变。是根据鸠摩罗什译本《维摩诘所说经》绘制的，主要表现的是《文殊师利问疾品》，也就是《维摩经》的核心部分。莫高窟103窟《维摩诘经变》是唐代描绘同一题材的作品中，最生动传神、最具代表性的一幅。描绘的是称病在家的维摩诘和前去探望他的文殊菩萨论辩时的种种景象，以及各国王子来听的热闹场面。席间维摩侧坐于床上，身体前倾，眉锋微挑，虽面有病容，但精神矍铄，图中的他似正在宣扬大乘教义。表现出他善于辩论、以词锋制伏对手的特点。

敦煌莫高窟第103窟中的《维摩诘图》

画家以流利刚健的铁线描一气呵成，人物生动传神，属吴道子一派的画风。根据张彦远的《历代名画记》中记载，南朝宋时袁倩画过维摩诘变，但实物今已不存。

（五）供养人画像

此类画像属于人物画的一种，是信仰佛教出资建造石窟的凡人的肖像。这些肖像，称为供养人画像。这些人物都画在壁画下方，这些形象，已不仅仅局限于表达对宗教的恭敬与虔诚，而且还用以显示氏族门庭以及宗教的谱系，所以这些形象更加世俗化。

供养人像大体可以分为三类：第一类是一人或一家出资独建洞窟，这类洞窟的供养人，将全家和家族有关的人，上自祖父母，下至兄弟姐妹及仆人、奴婢皆列入绘画，其中主要供养人画像多高于真人，并在像侧书写姓名。第二类是集资造窟的供养人画像，出资者每人一像，并有题名，此类人以下层官吏、僧尼佛众、乡里百姓、画工塑匠为主，有的窟少则十人，多则上千人。第三类的出资者是"邑社"的社人，其成员多为下层僧侣官员、城乡士绅、普通百姓、下层劳动者，出资者一人一像，并有题名。而在印度佛教

唐《供养人像》

石窟艺术中，还没有发现有题记的供养人画像。在西域的龟兹石窟中出现了为数不多的供养人画像行列，但少有题名。供养人画像的迅速发展，使唐代的一部分洞窟发展为"家庙"，如贞观十六年的 220 窟，题名"翟家窟"，从道公翟思远到九世孙五代翟奉达"检家谱"共延续了二百八十多年，十几代人一脉相承，这充分表现了中国封建宗法制度对佛教石窟的影响。

敦煌莫高窟佛像壁画

到了盛唐时期，供养人画像又在隋代和初唐的基础上有新的特点：一是人物的形体已比隋代供养人画像增大；二是人物形象造型生动、丰富，阔眉丰颊，服饰艳丽，雍容华贵，体态健美，神情高雅，一方面体现了唐朝以丰肌肥体为美的审美习尚，另一方面反映了唐代经济的繁荣、社会的稳定与人民生活的富裕；三是供养人画像画面宏伟，比前代更富于生活气息，画面中的人物容貌神情富有个性，表现了不同地位、不同身份的人物形象。代表洞窟有莫高窟第 329、331、334 等窟。

敦煌石窟中比较有名的家窟，有张家窟、李家窟、王家窟、翟家窟、阴家窟等。这些家窟中的供养人物像是从北魏时期直

敦煌莫高窟壁画是一部活的美术史

敦煌莫高窟壁画一景

至元代贯穿千年的供养人画像，时代分明，井然有序。通过对这些真人画像的研究，对中国服饰史、民族史、社会史、民俗史等学科的研究都具有开拓性的意义。

作为敦煌石窟艺术的主要内容，敦煌壁画的内容是一部活的美术史，向后人展示了佛教从传入到发展的变化过程和几千年前中国社会政治、经济、军事、文化、民族关系、中外交流等历史形象的资料宝库。

三、敦煌壁画的艺术特点

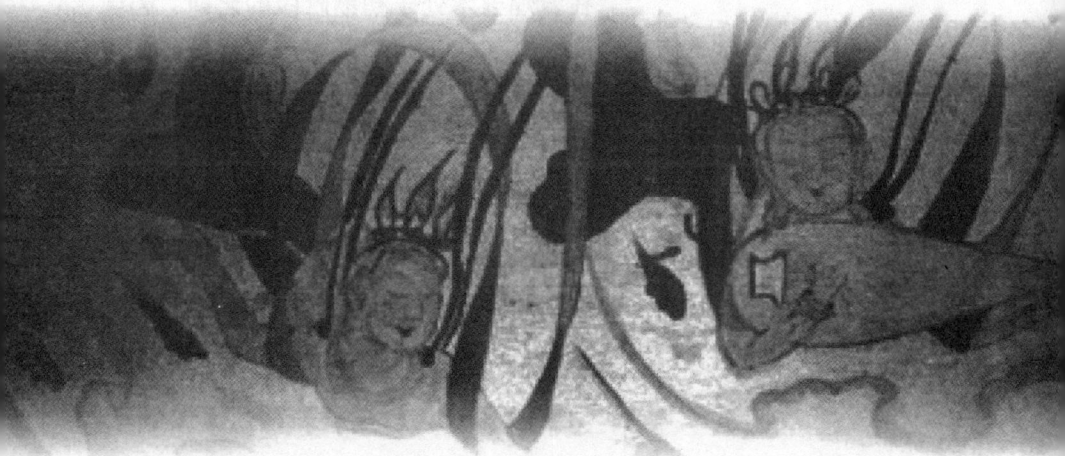

敦煌莫高窟菩萨画像

（一）菩萨的女性化

在印度的石窟壁画艺术中，人体比例、姿态动作、面部表情都比较写实而又合于理想；男女特征分明，圣众中男女生理特征非常明显。男者面相丰圆、唇有胡须、肩宽腰壮；女者脸呈椭圆、眉长唇厚、丰乳细腰、大臀跣足，有的男根女阴都毫不掩饰地表现出来。随着佛教传入中国，莫高窟融合了来自天竺的佛教艺术和来自中原的艺术，渐渐显露出了自己独特的敦煌本土艺术的特色，救苦救难的菩萨形象在最初传入我国的时候男性特征明显，随着中国各个朝代的发展变化，应社会各个阶层的要求，逐渐地改变了形象。

在敦煌艺术处于初期阶段的北朝，因受印度和西域风格影响比较大，菩萨的形态既有印度菩萨的特点，又有西域菩萨的特点，头大腿短、面相丰圆、肩宽腹圆，身材健壮，而圆大突出的乳房却像女性。

到了隋代，敦煌莫高窟艺术发展充满了变革精神，在整个敦煌艺术的发展上起到了承上启下的作用。虽然隋代统治时间仅三十多年，但隋代的莫高窟开凿了 77 个规模宏大的洞窟，菩萨形象也不同于以前的造型。此时的菩萨将原本僵直的双腿变成了一腿微

曲，把重心放在另一腿上，腰胯自然倾斜，出现了女性曲线姿态。这种优美的姿态已从早期较多的使用夸张手法而逐渐趋于写实。衣着上多半袒露右肩，腰束锦裙，衣裙上遍饰各种波斯织锦花纹，形成隋代"女身男相"菩萨形象特有的风姿。

唐代是莫高窟艺术的鼎盛时期，此时菩萨已进一步女性化，造型更趋于写实，人体比例适度，形象上更是千姿百态。"素面如玉""长眉入鬓"是唐代菩萨的典型面相，尽管嘴唇上的小胡子还在，可是这胡须好似

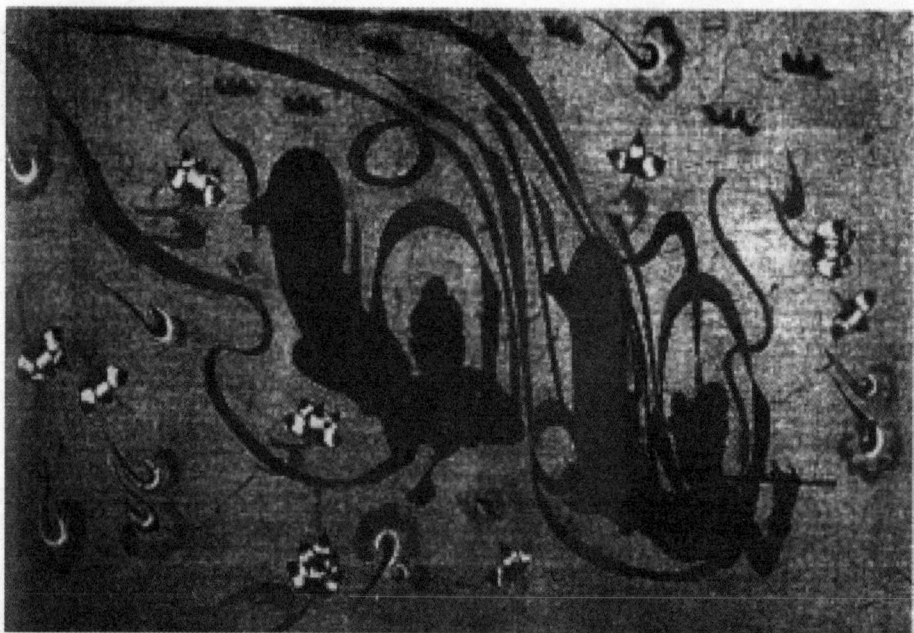

敦煌莫高窟飞天壁画

脸上的装饰品，菩萨的动态神情已非男子形象，富有温柔娴静的表情，表现出了典型的唐代女性美。

唐代后的敦煌莫高窟艺术进入了衰落阶段，虽然继承了前几代的优点，但日渐程式化，菩萨形象虽无前代那样曼妙动人，但是绝非刚传入时的形象，脱离了"男身男相"。

（二）无与伦比的飞天

飞天的故乡虽在印度，但敦煌飞天却是印度、西域、中原文化共同孕育成的。它没有"天使"的翅膀，也没有羽人的羽毛，又不像印度的天人依靠彩云升空，飞天仅凭借飘曳的衣裙、

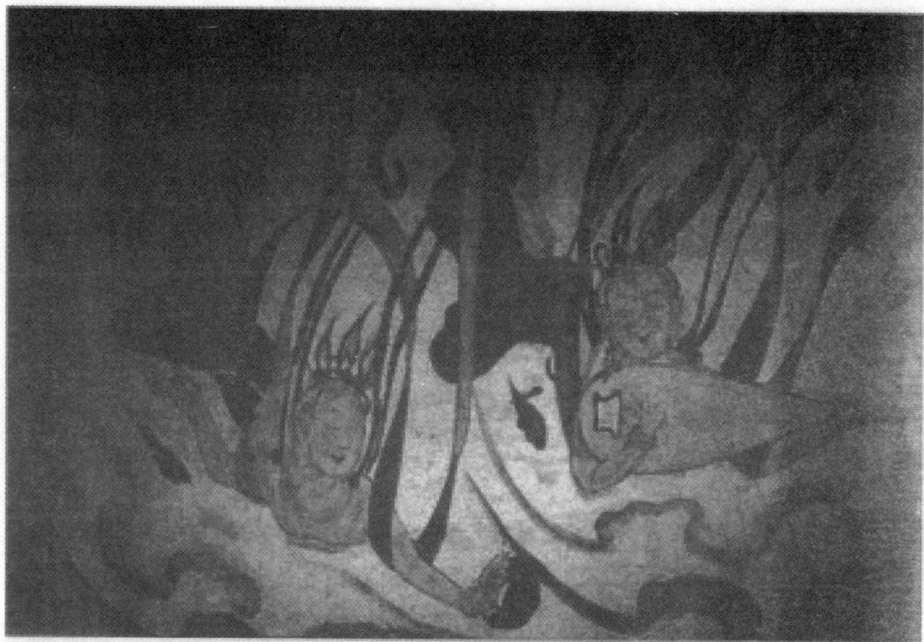

飞舞的彩带而凌空翱翔。敦煌飞天是中国艺术家的天才创作，是世界美术史上的一个奇迹。据统计仅莫高窟的 492 个洞窟，就有 270 个绘有飞天图像，常书鸿先生在《敦煌飞天》艺术画册序言中说，"总计四千五百余身"。谭树桐先生在其《敦煌飞天艺术初探》中研究总结出敦煌飞天的五个特征："飞动的气势，飞动的韵律，飞动的意趣，飞动的笔墨，以及飞动中的变化。"并强调，多变的飞动之美是敦煌飞天艺术的生命和灵魂。从十六国开始，历经十个朝代，飞天随着敦煌石窟的停建而消失。在这千余年的历史长河中，飞天的形象和风格，

敦煌莫高窟顶部飞天壁画

都在不断地变化，其演变史同整个敦煌艺术发展史大体一致，分为四个阶段。

1. 模仿时期

从十六国北凉到北魏（366—535 年），大约一百七十余年。这一阶段，由于莫高窟初建，画师画工尚不熟悉佛教题材和外来艺术，处于模仿阶段，此时期的敦煌飞天大体上是西域式飞天，但也略有不同。莫高窟北凉时期的飞天形象是：头有圆光，直鼻大眼，大耳饰环，头束，或戴花蔓、印度五珠宝冠，身材粗短，上体半裸，腰缠长裙，肩披大巾。与西域龟兹等石窟中的飞天，在造型、面容、姿态、绘画技艺上

都十分相似。如莫高窟北凉第 275 窟、272 窟
中的飞天。

敦煌莫高窟精美绝伦的伎乐壁画

2. 中西合璧时期

从西魏到隋代 (535—618 年)，大约八十余年。此时期的敦煌飞天，处在佛教天人与道教羽人、西域飞天与中原飞天相交流、相融合、创新变化的阶段，是中西合璧的飞天。

北周统治者崇信佛教，且通好西域，因而莫高窟再度出现了西域式飞天。这种新出的飞天具有龟兹石窟飞天的风格，飞行姿态成敞口"U"字形，身躯短壮，动态朴拙，几乎又回到了莫高窟北凉时期飞天的绘画风格特点。如第 290 窟和第 428 窟中的飞天。隋代是莫高窟绘画飞天最多的一个时代，飞天主要画在窟顶藻井四周、窟内上层四周和西壁佛龛内外两侧，多以群体出现。飞天的风格，可以总结为四个多样性：一是风格特点多样性，二是脸型身材多样性，三是衣冠服饰多样性，四是飞行姿态多样性。最具有隋代风格的飞天，是第 206、427、404 窟的飞天。

敦煌莫高窟第 285 窟飞天壁画

3. 独创时期

唐王朝前期开明的政治、强大的国力、繁荣的经济、丰富的文化、开放的国策、奋发进取的时代精神使得这一时期的飞天具有自由奔放、奋发进取、豪迈有力、奇姿异态、变化无穷的飞动之美。画在初唐第 321 窟中的双飞天和盛唐第 320 窟中的四飞天是最具有唐代前期风格特点的飞天。唐代后期的飞天，在动势和姿态上已没有了前期那种奋发进取的精神；在艺术

敦煌莫高窟第 320 窟南壁《阿弥陀
经变》顶部的双飞天

造型上人体已由丰满娇美变为清瘦朴实；衣饰
上已由艳丽丰厚转为淡雅轻薄；神态上更由激
奋欢乐变为平静忧思。其中，最有代表性的是
画在中唐第 158 窟西壁大型《涅经变》图上方
的几身飞天。

4. 衰落时期。

从 五 代 至 元 代 (907—1368 年)，大 约
四百六十余年。这一时期的敦煌飞天继承唐代

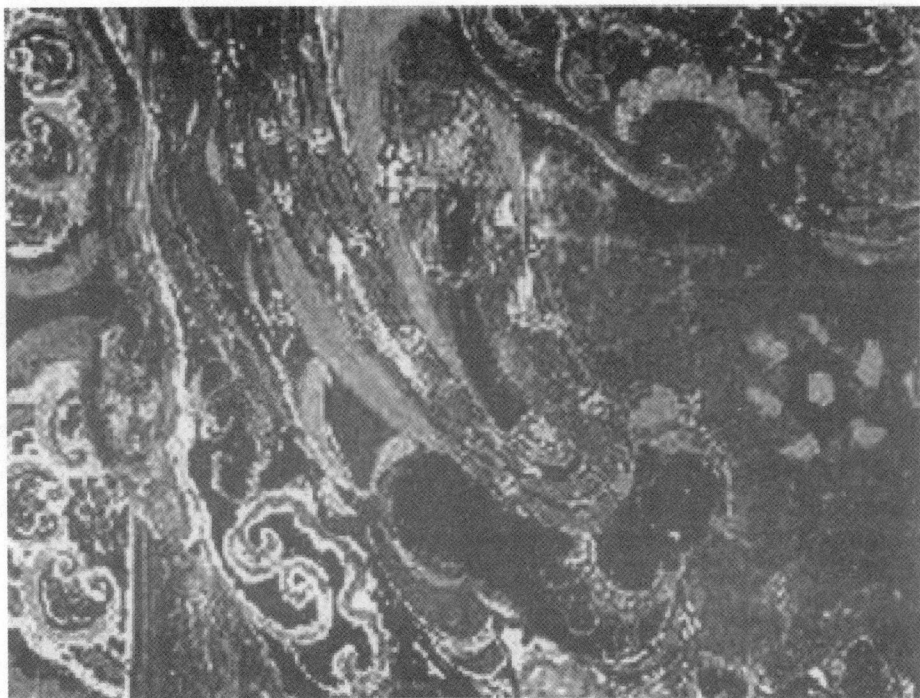

余风，造型动态上无所创新，逐渐走向公式化，失去了原有的艺术生命。敦煌飞天，经历了千余年的岁月，展示了不同的时代特色和民族风格，其永恒的艺术生命力至今仍然吸引着人们。正如段文杰先生在《飞天在人间》一文中所说："她们并未随着时代的过去而灭亡，她们仍然活着，在新的歌舞中，壁画中……"

（三）特有的肖像画——供养人物画

在印度佛教石窟艺术中，还没有发现有

敦煌莫高窟第 39 窟西壁龛南侧的飞天壁画

敦煌壁画《都督夫人太原王氏礼佛图》

纪年题记的供养人画像。在西域的龟兹石窟中出现了为数不多的供养人画像行列，但少有题名。敦煌则不然，在十六国晚期洞窟里便出现有供养人画像群，并有榜题，这与儒家的祖先崇拜有关。西魏已形成一家一族的画像，唐代则发展为家庙，这些"家庙"都有一段辉煌而又曲折的历史，在敦煌石窟中比较有名的家窟，有张家窟、李家窟、王家窟等。尤其以贞观十六年的"翟家窟"最为典型，从道公翟思远到九世孙五代翟奉达的"检家谱"一直保存很好。

130 窟甬道南壁《都督夫人太原王氏礼佛图》，是盛唐供养人画像中规模最大的一幅，王氏"丰肌腻体"如杨贵妃，造型真实，富有生活气息，是敦煌供养人壁画中最成功的一幅。沙武田先生在《敦煌写真邈真画稿研究——兼论敦煌画之写真肖像艺术》一文中写道："在 130 窟内，甬道南北分别画晋昌郡太守乐廷壤夫妇供养像，需要指出的是，该二身画像及身后之侍从像，基本为真人大小等身像，绘画十分精美，人物个个神情独特，性格明显。更要说明的是这是在莫高窟见到的最早之真人大小像。人物服饰极富特色，女供养人服饰、面装、发式、神情态度各不一，或娴静、或沉思、或后盼、或嬉笑、或向前观望……"这些写真像，与后来曹氏归义军时期程序化的供养人画像不同。

五代第 98 窟为曹议金功德窟，除曹氏家族内亲、外戚外，还有节度使衙门大小官员及曹氏家族祖宗三代、儿女、子婿等，共画供养人 169 身，画中人物按辈分依次排列，面部表情木讷，姿态动作相似，而且有一批超身巨像，比佛、菩萨画更为显赫，场面宏伟，似乎不是在供佛，而是在供奉曹氏家族，充分表现了佛教石窟中中国封建宗法社会的特点。

（四）大乘经变的王国

隋唐时期，大乘佛教广泛流行，但大乘佛典艰涩难懂的文词不适应大众解读的需要，于是产生了用于俗讲的讲经文。分为经变、变相或变文。因而如《法华经》《华严经》《维摩诘经》《阿弥陀经》《报恩经》《涅槃经》《弥勒经》等大乘主要经典都有经变。这里的经变既有一部经绘一幅画，也有一幅大型经变中包含许多故事。这种经变，在隋唐以前的佛教国家佛教遗址中尚未发

敦煌莫高窟《十六观之日想观》（局部）

敦煌莫高窟第 85 窟南壁《报恩
经变》中的《恶友品》

现过，中亚也没有，这是中国画师以佛经为依
据独创的。

　　据现存的画迹来看，北魏晚期在麦积山石
窟里已出现巨型中国式西方净土变和维摩变。
从敦煌说，一般晚于中原，始于隋，盛于唐，
在敦煌石窟中保存的《西方净土变》《东方药
师变》《弥勒变》《维摩变》《报恩经变》《密严
经变》等三十几种，计一千多幅，堪称当今世
界大乘经变之王国。唐代中后期，画师们更是
集各宗各派经变于一窟，同时并存，各展风采。
这些经变是抽象佛经的具像化，在具像化过程
中又出现了中国式楼台亭阁、皇家宫苑和色调

幽远的自然景色，不仅蕴含着宗教境界，还显现出了政治境界、伦理道德境界等，充分体现了儒、释、道三家思想融合在一起的中国特色。

（五）音乐舞蹈宝库

佛法认为：声色像尘埃一样能染污人的情志，会"令善衰灭"，因此佛教是杜绝一切声色享受的。而音乐舞蹈却是最直接体现"声""色""情"的活动，当然被视为禁忌。既然如此，敦煌壁画中又何以有飞天伎乐？其实飞天伎乐有自身的功能和使命，但不是"娱佛"，而是"事佛"。在《敦煌壁画的意象特征》一文中给了很好的解释："因为佛说法时，若有音乐、舞蹈点缀、伴随，就能造成一种庄严奇妙、尽善尽美的说法氛围。据说，当说法到微妙处会'天花乱坠'、'地涌金莲'，所有的天人都从四面八方飞集到佛周围。伎乐天之弹琴歌舞是一种不可亵渎的、神圣的宗教行为。"

敦煌壁画中的舞乐融合了各民族和各国舞乐的因素，多元化特征很明显。按来源主要分为三类：中原地区的舞乐、西域

《伎乐图》（局部）

民族的舞乐、外国舞乐。按内容、性质分为两大类：即仙乐与俗乐。所谓仙乐即以佛国世界天人形象出现的舞乐，如早期洞窟里环绕的天宫伎乐场面，如220窟的胡旋舞、217窟的柘技舞等。俗乐是现实生活中的乐舞，如张议潮出行图中的营伎、宋国夫人图中的清商伎和百戏等。在敦煌莫高窟壁画中无论天人、菩萨还是普通人的手势和姿态，大都是在吸收印度、西域舞蹈风格的基础上，融合本民族特色形成的，构成了中国古代社会舞乐的庞大体系和优秀传统。

（六）经典的构图

敦煌壁画内容庞大，形式结构丰富多样，

佛的尊像居于窟内壁画中央的显著位置，菩萨和弟子等尊像分列于佛的左右两侧

但无论敦煌壁画如何复杂，古代画师都是依据一定的形式法则来绘制的，这些法则同样符合现代构成的形式美原则。其特点如下：

尊像画构图严谨，气氛庄严，展现出一幅隆重盛大的佛国画卷

1. 对称

敦煌壁画中最主要的绘画题材就是尊像画，尊像画一般是指诸佛的造像，在敦煌壁画中多指各佛像、菩萨像、四大天王、罗汉、天龙八部、佛教弟子等。敦煌壁画中的尊像画多为群体像，都有程式化倾向。通常是佛的尊像居于窟内壁画中央的显著位置，菩萨和弟子等尊像分列佛的左右两侧。此类构图属对称形式构图，这种构图使布局严谨，气氛庄严，展示

敦煌莫高窟故事壁画

出一幅隆重盛大的佛国画卷。如莫高窟第335窟，主室北壁，所展示的诸佛说法图，其构图多采用对称布局，佛说法为主体位于画面最中间，左右有菩萨、弟子、天龙八部护法围绕听法，上有宝盖，两侧有展臂翱翔的飞天，地上树木繁茂，池水碧绿，莲花盛开，均为对称分布。但细节上却打破了对称，佛的左右四肢的动作和位置不同，周围菩萨和弟子的服饰和动作也各有差异，这充分说明古代画师从简单中发现了美，从统一中求取变化，体现了多样统一的构成原则。

2. 平衡

作为敦煌壁画中的另一种主要题材——故事画，表现释迦牟尼从入胎——成长——出家——悟道——成佛以及涅槃等被神化了的传记性故事；释迦牟尼过去若干世忍辱牺牲，救世救人善行的本生故事；释迦牟尼度化众生的因缘故事；以佛经故事为主要内容的经变故事；以及佛教史迹绘画和反映历代生活生产内容的风俗画等。从故事内容的展示方式与表现手段来看，故事画可分为单幅画和连环画。单幅画有以一个画面表现故事的一个典型情节的，还有在同一个画面上表现不同时间、不同地点的若干情节的。连环画则依时间、地点顺序发展，情节完整而曲折，并且具有不同延伸方式。如217窟法华经变化城喻品，该作品依水平与垂直线布置景色，且任意向四周伸展。人物树木及其装饰物皆以平视组织的结构自由安排，画中的人物、景色互不掩盖、重叠，布局平衡，突出其平面性，构图在平衡中显示出连续性与变化的多样性。

3. 比例和韵律

敦煌壁画到处可见比例的运用，隋唐以前的壁画中人物，基本上是头大身短，体格粗壮，比例不对。而隋唐以后无论何种角色

走进敦煌石窟，满目的壁画给观赏者带来强烈的视觉冲击感

敦煌莫高窟第 420 窟菩萨像

的人物，个个体态优美、比例匀称，符合人们的视觉审美要求。在大场面壁画中，如莫高窟335窟，主室北壁，说法图所示的主体佛像和四周的菩萨弟子以及歌舞乐伎的身体大小变化也有一定的比例规律。另外，一些藻井等图案也体现出等比或等差等比例规律，显示出一种空间延伸的感觉。

走进敦煌石窟，会给观赏者带来强烈的视觉冲击，是什么如此震撼观者的情绪呢？不仅因为比例规律给人带来视觉的遐想，还因为壁画向人们所展示的节奏和韵律。李娟在《敦煌壁画中的形式美》一文中，以莫高窟420窟为例进行阐述："该窟的全窟均以是绿色为主来烘托窟内幽静神秘的氛围。仔细将窟壁不同颜色重复排列的千佛，以简单的节奏体现出轻微柔和的韵味；龛内佛光图案，波纹线紧密并列，深浅有序，以急速的节奏体现出颤动的旋律；窟顶深紫色上的蓝、绿、白，琳琅斑斓，以喧嚣的节奏体现出宏大繁盛的场面。窟内场景就像一部交响乐，时而节奏平缓，时而旋律激昂，深深地打动着每一位观众。"

4. 空间

在焦点透视里，无论平行透视、成角透视、还是倾斜透视，都只能有一个视觉中心，这样它也就体现出了自身的局限性，极大地限制了

敦煌莫高窟壁画包含多个视觉中心，其中又以一两个最为突出

敦煌莫高窟壁画空间感强，层次分明

画家的创造性思维活动。然而敦煌壁画在处理视觉中心这个问题时，表现出极大的主动性和创造性。它在一幅画里包含多个视觉中心，其中又以一两个最为突出，也就是现在所说的散点透视。将各个不同的空间融合为一个整体，在同一画面空间中表现出来。如217窟法华经变化城喻品的人物和山树等是用平视的角度，而建筑物则是用俯视的角度，以45度斜线描绘形象侧面和建筑顶面，这样的视角处理方式产生了画面辽阔深远，建筑气势宏伟，室外室内尽收眼底的视觉效果。最具代表的是北周254窟的《摩诃萨埵太子舍身饲虎》本生故事，在这幅画里把各视觉中心融合在一个大空间里，舍身饲虎这一情节为主视觉中心，其他情节作为次视觉中心，随着视点的远近不同，有秩序地组成大画面的整体空间，充分体现视觉中心复合结构的魅力。这类构图，不仅有很强的装饰性，还很大程度地打破了自然和视觉上的局限性，完美地表现其空间效果，使画面更具生动性。从而使"异时故事，同图发生"，这种综合的时空结构处理方法是敦煌壁画所特有的。

5. 动感与稳定感

以莫高窟隋代第303窟为例，此窟主室

敦煌莫高窟众佛壁画

中心柱东向面塑主尊禅定坐佛，南壁中央绘立佛，北壁中央绘释迦多宝佛，南北壁其余壁面及东西壁绘千佛。而四壁上方绕窟一周的飞天装饰带，每一身飞天的形态表现出很强的动感，具有很强的节奏感。如北壁上部北起第三、四身飞天，前者身体胸部和脸部微微向上，后者与之相反，上身与头部微微朝下，一上一下，加上飘舞的长裙，从整体上增强了往前飞舞的动势。又如西壁上部北起第一身飞天，形象与其所处的洞窟转角位置正好吻合，显得非常自然，由此增强了绕窟

敦煌莫高窟内景

敦煌莫高窟壁画人物形
象飘逸灵动

飞行动势的连续性。除了以飞天做装饰，四壁下方还以山水画做装饰带，通过构图使不动的山石、树木表现出节奏感，而在山林间觅食的动物以及正在狩猎或采果的人物，自然而然地表现出一定的动感，但是总的来说，画面还是以静为主，人物衣服、飘带的轻柔和山石树木质地的坚实厚重，这种重量的对比自然会使人在潜意识中形成一种稳重感，使天空和地界在这个洞窟里被两条装饰带自然地连在一起，因此生活在凡间的人，与想要升到天空中自由自在地翱翔的梦想越发地贴近了。于是，人们的宗教信仰在这里得到了进一步的升华。

莫高窟壁画

四、敦煌壁画颜料的种类及各个时代的色彩特征

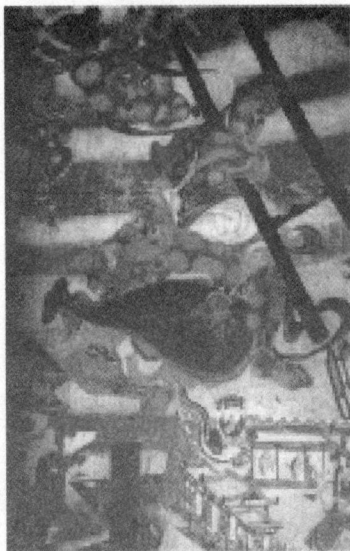
色彩绚丽的敦煌莫高窟壁画

（一）敦煌壁画颜料的种类

提到敦煌壁画，让人们难忘的不止庄严的佛像、曼妙的飞天，华美1的装饰，还有成就这一切的纷繁色彩。韩京淳在《对敦煌石窟壁画颜料的研究》一文中，将颜料的种类分为矿物性颜料、无机颜料和采用动、植物制造的有机颜料，此外还有旨在用来提高颜料的光泽度和色度的辅助剂。具体如下：

首先介绍无机颜料

红色

朱砂：又叫辰砂，由水银和硫黄的化合物组成。根据颜料粒子的大小、形态、混杂物等混合而成，色彩具有不同的鲜明度，应用在不同的位置。

朱镖：又称朱标，是将朱砂研磨成粉后，用胶水将浮在表层较细的分离出来，是比朱砂略黄一些的颜料。

铅丹：又称黄丹。唐张彦远的《历代名画记》有'蜀郡有铅华（黄丹）"，又叫铅华，于非闇《中国画颜色的研究》中称黄丹。是一种铅化合物，属于红黄颜色的颜料。

黄色

雄黄：王概等在《青在堂画学浅说》论述："雄黄，拣上号通明鸡冠黄，研细水飞

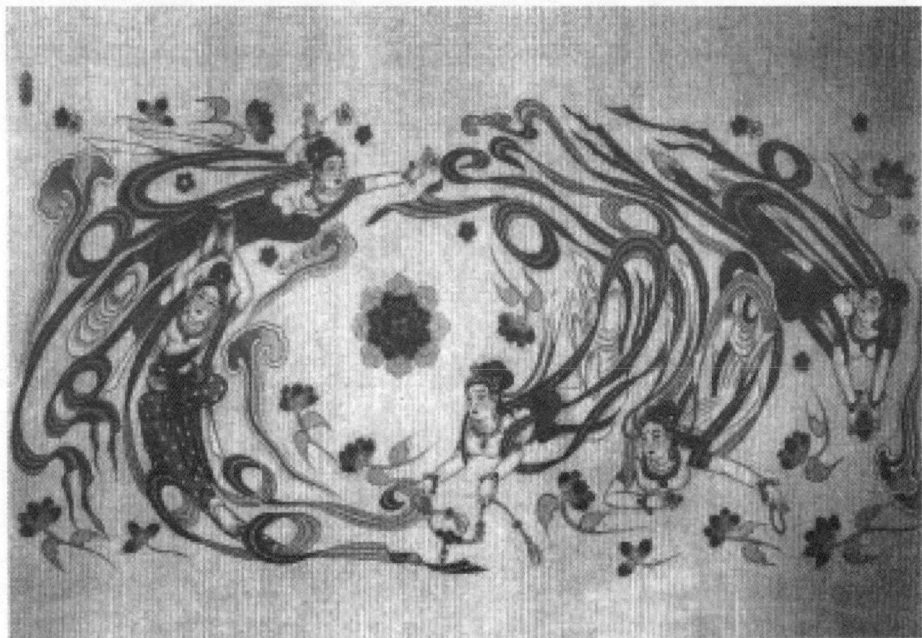

敦煌莫高窟飞天壁画

之法，与朱砂同，用画黄叶与人衣。但金上忌用，金笺着雄黄，数月后即烧成惨色矣。"现在有些人将雄黄放在红色颜料中是错误的。

绿色

石绿：天然盐基性碳酸铜是它的主要成分，将孔雀石粉碎，磨成粉末状即可，从外观上和石青相似。《芥子园画传》记载"石绿是样子像蟾蜍背的好"。

铜绿：又叫刚青。主要成分是氧化铜，在铜矿上自然生成，而且色彩性能稳定。

蓝色

青金石：因其色彩艳丽、光泽度高，是敦

孔雀石

青金石

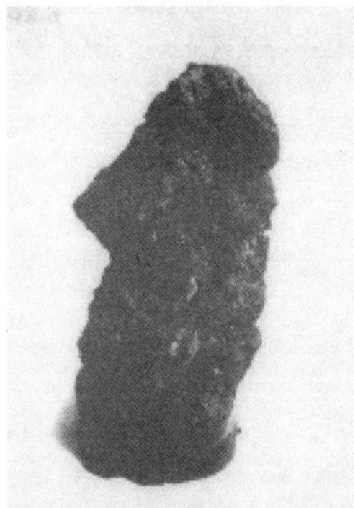
蓝铜矿

煌早期壁画蓝色中用量最多的一种，与金等同为稀有贵重矿物质颜料。

蓝铜矿：现代科学将除青金石以外的空青、扁青、沙青、曾青等石青颜料称为蓝铜矿。

白色

铅粉：从国外传入中国的颜料之一，由于粒子均匀、细腻，所以在画师们常使用的白色颜料里，它是最受欢迎的。

石膏：主要成分为氢氧化钙，很大的好处是它不像铅粉那样含有剧毒，但它容易溶解及风化的性质，使敦煌壁画受到严重的威胁。

白垩：古代称为画粉，主要成分是碳酸钙，呈无色透明或者白色的半透明柔软质感。

蛤粉：又称胡粉，珍珠粉。因为粘贴性能好，涂有蛤粉的位置可以预防剥离现象。

其次介绍有机颜料

红色

胭脂：又叫燕支，臙脂。用红蓝花的花或者茜草、紫草茸混合制成。色彩从感觉上比朱砂美丽晶莹，但由于从植物中萃取，容易褪色。

红花：从印度流入中国的最具代表性的红色，古埃及和波斯也曾使用。

黄色

藤黄：又叫"月黄"。藤黄是古人研制药物而提炼出的有毒性的药物，色泽鲜亮。流传下来的工笔画设色中，主要用来作为石黄等色打底的衬色。

黄木，呈深褐色，熬成液体后混合胶水制成油膏状态，具有防虫和防腐的功能，防止壁画变质。

栀子：剥皮粉碎、熬成液体状态之后使用，在绸缎上画画时用来做底色。重叠涂几回漆，则呈黄色。若熬成油膏使用的话，色彩鲜艳透亮，甚至可以替代藤黄。

青色

花青：从绿色叶中萃取的蓝是植物性颜料中唯一的青色系列，作为颜料，主要用于水墨淡彩画。但它同胭脂一样，在光照和空气中会迅速褪色。

绿色

杨梅：用与染色的树皮含有杨梅酮。

墨色

墨：周代的时候开始使用，将煤烟与胶水混合在一起，固化制作而成。作为有机颜料的一种，它不容易褪色或变色。

百草霜：俗称锅底灰。烧松树枝和叶

藤黄

蓝石英石

子制作的百草霜最好，颜色黑而且黏性好，敦煌壁画中一部分边缘线就是用百草霜勾绘的。

通草灰：又称灯草灰。颜色虽然黑但无光泽，质感却像绒毛一样柔软，因此用来画人物的头发或者胡子，其效果与众不同。

最后是矿物质颜料。

以白色为多，包括碳酸钙镁石、角铅矿、氯铅矿、黄色有藤黄，蓝色包括有机蓝滑石、石英、白云石，还有碳酸钙镁石、角铅矿、氯铅矿、硫酸铅矿等，都是古代富有经验的画师根据当地的情况选用的颜料代用品。这些绘画用的矿物颜料与其他矿物颜料不同，它是必须经过晶体矿石加工才能制成，晶体矿石是天然结晶体，呈半透明和透明状态，研磨到极细微的颗粒状态仍保留着结晶的特点，既有光泽，又有较强覆盖力，用矿物颜料绘出的壁画具有色性稳、色相美、肌理美、层次多等优点。例如：石绿经研磨漂洗之后可以分出数种甚至十几种不同纯度的绿，从而大大丰富了壁画的色彩效果。

画师们为了节省资源就地取材（使用矿物颜料）的做法，恰恰成就了今日风采依旧的敦煌壁画，可以毫不夸张地说，没有矿物颜料，就没有今日的敦煌壁画。徐勇在《敦煌壁画材料研究》一文中，引用了《敦煌石窟壁画颜料史》的内容，将莫高窟壁画中常

白云石

敦煌莫高窟壁画因时代不同而色彩、特征各异

见的颜色进行整理、分析，列表说明。

（二）各个时代的色彩特征

黄骏在《唐代敦煌壁画人物风格研究》一文中将各个时代的特征进行归纳："由于时代审美观的不同，敦煌壁画各时代所尚色彩略异，因而色彩美各具特色。一般来说，北魏浓郁厚重，西魏、北周爽朗清雅，隋唐时代精致鲜艳、富丽华贵，西夏、五代、宋代色调温暖鲜丽，元代则俭淡清冷。"但这些朝代都使用着共同的"红色、蓝色、绿色、棕黑色、白色"，之所以会有清雅、鲜艳、清冷的区别，除了因为每个朝代的审美观不同，最主要的原因是颜色的成分不同，李最雄

北朝时期的敦煌莫高窟壁画

在《敦煌莫高窟壁画颜料分析结果》中将不同时代使用的颜色进行了比较系统的分析比较。

1. 魏晋南北朝

权宁弼先生认为敦煌石窟最初的壁画是汉朝时期形成的中国传统壁画技法融合了印度佛教美术而建立的。作为最早期的敦煌壁画，魏晋南北朝距今已有千年之久，虽然漫长的岁月使画面的很多部分已经变暗、模糊，但我们仍能看出其与汉、晋文化相互交融而多彩多姿的风貌，例如中国传统神话传说或者道教内容和佛经故事相结合在一起，构成别开生面的壁画内容。这时期的颜料使用比较单一，主要是红

隋代佛教壁画（局部）

土和朱砂、石青和青金石、石绿、高岭土、墨等。由于缺乏经验和参照，画师们在泥墙上直接用土红起稿，上色后再以深墨色铁线定型。色彩简洁泼辣，以大面积的色块组成，人物形象半裸，似印度风格，肉红色的皮肤采用龟兹风的晕染手法，表现出人物的立体感，色彩对比强烈，大量晕染的绘画风格使得这一时期的壁画显得粗放、沉郁而单纯。

以5世纪初创作的北凉时期的275窟为例，该窟着重描绘释迦牟尼前生的'尸毗王本生谈'等故事。权宁弼先生在《壁画丝绸之路的美术》一书中谈到此时期的绘画技巧："采用以红色和青绿色表现凹凸的西域明暗手法即天竺法，所谓天竺法近看是平面，但远看则通过色彩的强烈对比产生立体效应。采用高光技法对面孔部位的前额、下巴、鼻子等处涂上白色，制造了立体感。"到了西魏、北周时期的壁画，绘画手法得到改良，一种画在红色底子上，敷色浓丽。还有一种多画在经过处理的白色底子上，这种底色不但可以衬托色彩，使画面色调清新明快、对比强烈、还可以完整而细腻地表现出丰富多彩的色彩变化。如第290窟的壁画就是以白色为底色，图中耕牛及周围景物所呈现的蓝、棕、绿等颜色都在晕染中呈现出透明的色彩变化。李亚东在《敦煌壁画颜料的研究》一文中指出："北魏时期的254石窟青色的使用较突出，推测用黑色勾画出人物的轮廓线，穿褐色衣服，用绿色表现树木。青色采用青金石、黑色采用墨……绿色采用石绿。"

2. 隋朝

从隋代开始，莫高窟壁画不同与以往历代，为了增强壁画颜色的丰富性，隋代避免了只使用单一颜料，更多地使用混合颜料，以红、绿、青为主要倾向，色调开始变得华丽。第305窟的壁画色彩以黑、白、蓝、红为主，其中白与蓝占主要部分，构成冷调。

敦煌莫高窟第305窟壁画（局部）

敦煌壁画颜料的种类及各个时代的色彩特征

敦煌莫高窟第292窟壁画（局部）

这幅作品比较突出的是色彩造成的画面节奏感，主要形象的曲线在反复出现中进行自由的变化，作品的左上部蓝色的曲线与空白色底子上的曲线相呼应，形成变化的曲线再现，这种色彩在右上方的蓝色线中又有再现的表示。所以整幅画由建立在节奏上的色彩创造出鲜明的动感。

此时用色多为平涂，水平还处于初级阶段，由于没有掌握好颜料的性质，混合之后，使很多颜色经过氧化而变得灰暗、混浊。在格子形天井部可以找到隋代色彩最大的特征。如第292窟、321窟、419窟、420窟、427窟天井既以混合红土和铅丹的土红色为底色，用红土和墨混合的褐色画方格，在其内部，花用青色青金石而叶子则用绿色石绿表现。在方格里面的联珠纹是用石膏添加滑石来画的，联珠纹里面重新用青金石和石绿涂上彩色。针对第427窟用于尊像的涂彩的面容而言，红色是采用了红土中带红色的铁丹，白色采用了白垩和非颜料滑石、方解石混合，白色尤其突出，服装的花纹主要是在单纯的彩色底上采用金箔画花。

3. 唐朝

唐朝的壁画在世界历史上占有重要的地

位，其璀璨的成就给世界各国留下了深刻的印象。此时的壁画不仅题材广阔、场面宏大，而且受中原画风的影响，壁画中的色彩装饰效果强烈，通过色彩的巧妙配置，不同时期的风貌呈现着明显的差异。初唐色调温柔和谐，中唐色调富贵高雅，而盛唐的色调则是鲜艳明快。总体来看，唐代的壁画色彩更加瑰丽浓艳，设色技法上吸收隋代制作混合颜料的优良传统，从强烈对比的原色搭配发展到了混色、间色的运用，并产生了多种明暗层次。以红色颜料为例，红色颜料是敦煌壁画中应用最多、最普遍的一种。从李最雄的《敦煌莫高窟壁画颜料分析结果》中我们可以看出，红色都以朱砂为主，但是从初

敦煌莫高窟第 321 窟飞天壁画（局部）

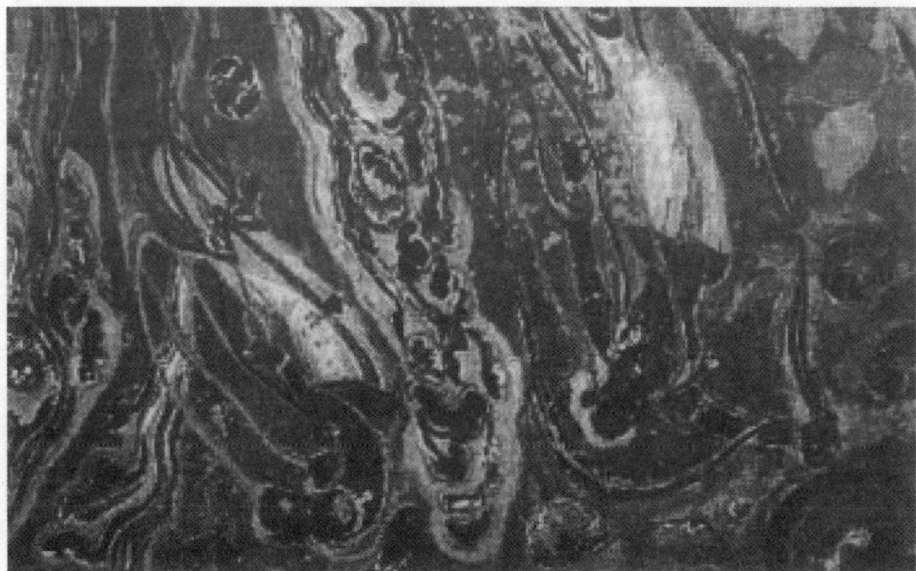

敦煌壁画颜料的种类及各个时代的色彩特征

唐到中唐，铅丹应用逐渐增多，初唐时铅丹的使用非常少，盛唐、中唐时期，铅丹的使用明显增多，而且较多地使用了朱砂和铅丹、土红和铅丹的混合红色颜料。差不多每个时期的壁画都大量使用了红色。莫高窟盛唐壁画的富丽堂皇，就是大量使用红色颜料中色泽艳丽的朱砂和铅丹的结果。"红花当需绿叶配"，莫高窟壁画中的绿色颜料，初唐时期以石绿为主，到了盛唐、中唐时期，以氯铜矿为主，但晚唐又以石绿为主。前面已经介绍了石绿的制作方法，"将孔雀石粉碎，磨成粉末状即可"，而且它的

敦煌莫高窟第 290 窟主室前部的佛传连环画之二（局部）

颜色很中性，既不张扬也不平庸。所以它既受统治者喜爱，又被画师们青睐。整个唐代，石绿占绿色颜料的四分之三左右，起到了很好的衬托作用。而唐代莫高窟壁画中的蓝色颜料，基本采用石青，偶尔在石青中掺加少量石绿、氯铜矿或青金石，以迎合多层次的红色和绿色。从凿于初唐第 335 的窟壁画上，我们可以看到该窟色彩效果与盛唐虽然相近，却表现了不同时期的经济状况造成的艺术特征。以描绘阿弥陀经变相图所采用的颜料为例，红色颜料除了采用了朱砂之外，还探测出铅丹和红土，青色颜料则由石青和蓝铜矿混合而成，绿色颜

敦煌莫高窟第 285 窟南壁
飞天壁画

料基本上是石绿。

唐代中期壁画色彩更具装饰意味，技法上
主要是叠晕和渲染，有点像渐变效果，因而色
彩格外丰富，使观赏者在心理上产生快感和美
感。以第 328 窟中的弥勒左胁侍菩萨为例，色
彩分外耀眼，虽有的颜料已变色，但大多仍不
失鲜艳，可见唐代中期时壁画色彩的灿烂华丽。
壁画中的色彩极为浓艳，唐代比较流行的补色
对比此时尤为明显地表现出来，大面积的红色
与大面积的绿色表现出典型的补色对比效果，
在主色调的基础上，为了协调整体颜色，画师
们又将画面添加了少量的灰色和棕褐色。还将

作为装饰的暖白色频繁穿插，缓解了红与绿的强视觉观感，代表了唐代中期壁画色彩的典型风貌。而第33窟西壁龛内南侧菩萨壁画色彩截然不同，"这幅壁画色彩主要以鲜艳的粉绿作为主调配以蓝绿色相得益彰，在深色皮肤的衬托下，色彩格调高雅，被一种极为现代的气息笼罩着。平时我们在讲色彩时经常提到色彩表现一定要有呼应，在这幅壁画中，我们感受到了最让人心动的色彩呼应效果。"第23窟与33窟风格接近，菩萨的色彩也是以粉绿为主调，蓝绿色为辅助，与前者不同的是，这里为了突出粉绿色，将土黄和土红混合在一起使用。粉

敦煌莫高窟第196窟西壁《劳度叉斗圣变》中的劳度叉

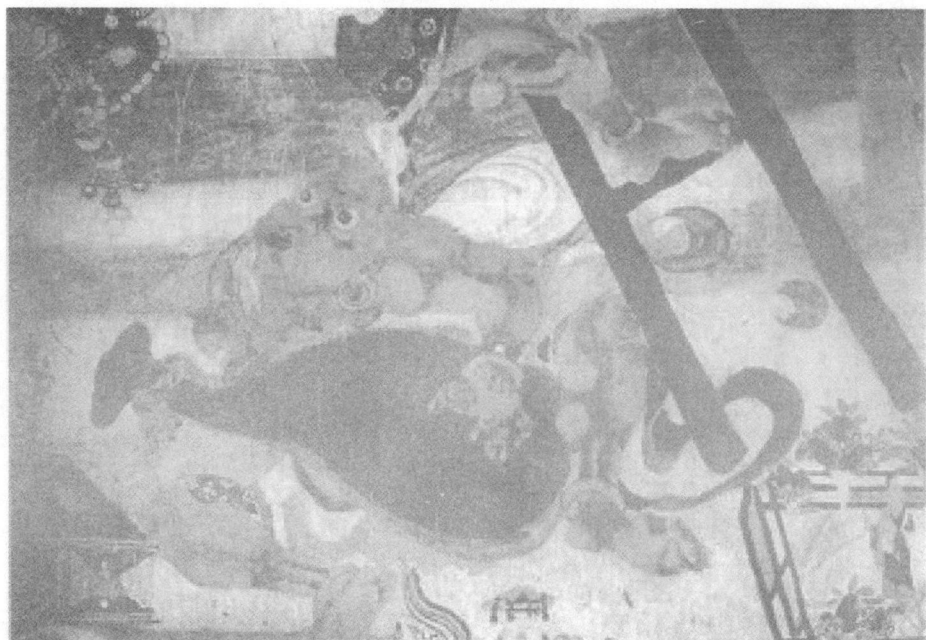

绿和蓝绿色的交相呼应,使人深感色彩的魅力。整个画面的颜色互相配合,表现出唐代中期壁画色彩特有的高雅格调。

作为敦煌石窟艺术发展的鼎盛时期,此时的色调鲜艳明快,虽然唐代壁画的色彩在不同时期呈现不同的特色,但也有相似之处,如对土红、粉绿的用法在初唐和盛唐都可以看到,李梅在她的《由敦煌壁画色彩风格的衍变看其复杂的色彩结构》一文中对盛唐时期的 172 窟《观无量寿经变》进行描述:"线条飘逸自由而有韵律,色彩浓淡适宜,调和典雅。绿色的琉璃瓦和朱红色的廊柱栏楯毫无生硬之感。佛及

敦煌莫高窟第 172 窟位于
宫殿楼阁之间的飞天壁画

菩萨的衣装等色多用中间色彩，晕染得浓淡变化趣味明显。这一时期的大幅巨制较多，佛家主要形象绘制都较规整，而供养人及较小的形象画工们画起来像是逸笔草草，有许多这样的作品更显自然生动。"第 217 窟可以说是盛唐时期的代表作，此图的画面结构虽然没有第 172 窟那样工整、严密，但在色彩上却更加大胆地使用补色来控制画面，图中佛祖、菩萨的服饰均是红绿相间的，偶尔有些暖白色的飘带在其中调节，除了服饰，连亭台、楼阁、云雾都可见红绿相间出现，一切安排得那样巧妙，那样自然。

用不同的方法学习敦煌壁画的色彩艺术，是将我国的艺术文化遗产传承下去的一个很好的方法。敦煌壁画中的丰富色彩是我们取之不尽的宝贵资源，对当今社会产生直接或间接的影响。

4. 五代以后

五代后的宋、元、明、清在政治经济上虽然出现过兴盛的时期，但壁画艺术较前代来说，整体上趋向衰退。在技法上画师们着重于模仿前代手法，形态上也是直接模仿晚唐时期而流于形式，颜料的使用也与唐朝类似，但是从色感的表现上，感觉比唐朝粗糙。

莫高窟第 3 窟西壁龛内南侧二观音像

敦煌莫高窟第 3 窟元代壁画

颜色是以红色和绿色为主色调，红色主要采用了红土，绿色采用石绿，此外有红褐色和多褐色为衬托。色彩上多样、优美、华丽的表现进入五代之后显得衰落。

宋初，敦煌壁画色彩结构曾以绿色作底，色彩效果鲜明，这种画风可以说是在色彩上最后的一种发展。徐勇在《敦煌壁画材料研究》一文中指出，敦煌从元朝开始受到中央政权的统治。元朝的统治者提倡所谓"以佛教整理内心，以道教锻炼身体，以儒教治理国家"的"三教平心"政策，对人们的思想和行为进行了规范。元朝壁画上的颜色红色减少，绿色和茶褐

色增多，就茶褐色而言，可能不是原来的颜色，而是使用混合颜料而由红色和白色等变色产生的。红色颜料采用红土，绿色颜料采用石绿和铜绿等。元代的千手观音被誉为敦煌壁画的压轴之作，设色典雅，用线绝妙。以莫高窟第 3 窟千手眼观音经变为例。宋元以后的敦煌壁画开始程式化，在色彩上趋于平淡、俗化。

从魏晋南北朝到明清，敦煌莫高窟历经十几个朝代，我们从各个石窟壁画的内容、构图、造型、颜色上可以看出各个朝代的原型，它不仅是一部艺术史、一部外交史，还是一

敦煌莫高窟第3窟南壁千手千眼观音画像

敦煌莫高窟第3窟东壁北侧散财观音画像

部丰富的颜料史，敦煌莫高窟主要颜料比中国古代绘画论著记载的颜料更丰富，特别是代用品更多，比同时期的全国各地的墓室壁画、画像砖所用颜料更多。

五、佛教对敦煌壁画的影响

敦煌莫高窟第 3 窟全景

（一）佛教的引入

关于佛教传入中国的时间这一问题，长期以来，莫衷一是，有的甚至添加了许多神话色彩。从古到今，人们谈论最多的就是汉明帝夜梦金人，遣使求法，引入佛教的故事。这一说法最早见于《四十二章经》《牟子理惑》《老子化胡经》。故事的内容是东汉年间（公元 58-75年），汉明帝夜梦神人，身上放光，在殿前飞绕而行。次日会集群臣，问这是何神，有通人傅奕回答：听说西方有号称为"佛"的得道者，能飞行虚空，身有日光，帝所梦见的就是佛。

于是汉明帝遣使西行，在大月氏抄回佛经四十二章，藏在兰台石室。这一传说故事中，虽有神话的成分，但基本情节尚属可信，但还不能作为佛教最初传入的记录。只能说明当时已有佛教在民间流传，只是未能传到宫廷而已，此外，在《后汉纪》《后汉书》等魏晋南北朝人士的著作中，我们也可见对此事的论述，可知当时这一故事在社会上已广为流传。如果此时不是佛教的传入时期，那么佛教是何时传入的呢？有人根据《山海经·海内经》中有"天毒之国，偎人而爱人"之说，认为在上古三代时就有佛教。也有人以《列子》中"周穆王时西极有化人来"之说，主张周代已有佛教流传。另外还有秦始皇时有外国僧人来华传教的种种说法，各执一词，但还是缺乏确切的史料根据。而在裴松之所注《三国志》中，引用了三国时魏国鱼豢所著《魏略·西戎传》，关于汉哀帝元寿元年（前2年）博士弟子景庐受大月氏王使臣伊存口授《浮屠经》的记录，并解释说"复立（豆）者，其人也。《浮屠》所载临蒲塞、桑门、伯闻、疏问、白疏问、比丘、晨门、皆弟子号。"大约公元1世纪时，大月氏成为

敦煌莫高窟第461窟顶部飞天壁画

中亚地区的佛教中心。汉代许多经商的大月氏人来华，同时也带来一些佛教经典，所以在汉哀帝时，由月氏王派人来汉地传播佛教，是完全有可能的。综上所述，大约在两汉之际，印度佛教开始传到我国内地。

（二）佛教在敦煌壁画中的两个阶段

敦煌壁画的题材清楚地分为两个阶段，通常以公元581年隋统一中国为界限。第一阶段是隋代以前的北凉、北魏、北周时期。这一时期是一个战乱的年代，北方少数民族政权相继更迭，民不聊生，人们期待有救世主能够帮助自己脱离苦海。而释迦牟尼的大牺牲行为使

敦煌莫高窟佛像壁画

莫高窟壁画

自己最终成佛，并脱离了苦海，营造了一个让人向往的"极乐世界"。所以此时的壁画多取材于释迦牟尼成佛前过去若干世忍辱牺牲、救世救人的本生故事。常见的有"摩诃萨埵舍身饲虎""九色鹿舍己救人""快目王施眼""月光王施头"等。在它多样化的描绘中，处处透露着苦难和恐怖的场面。使信徒们在视觉上畏惧，在心灵上震撼，在行为上谨慎。这种宣扬禁欲和自我牺牲的训诫，使信徒们不敢越雷池半步，坚信只要勇于付出和牺牲，来生必定会成佛。

第二个阶段是隋代以后（大约到 6 世纪

敦煌壁画中的文殊菩萨

左右），佛教出现在中国大约五百年后，已成为渗透全社会的宗教。大大小小的寺庙遍布各地，它的仪典和节日不仅充斥于封建贵族们的生活中，也进入了普通百姓的生活，历经若干世纪，佛教融入了中国社会。一些新观念诸如大乘经典所表述的天堂与地狱、因果报应、普度众生、脱离苦海等吸引着封建制度下的人们。渐渐地，它成为一个强有力的工具——统治者用以统一帝国的工具。为了适应统治者的要求，隋代以后的壁画主题变为人人向往的"净土"题材，它的庄严和美好与许多早期本生经描述的苦难和恐怖形成对比，完全改观了壁画初期

敦煌莫高窟佛教本生故事壁画

敦煌莫高窟壁画《步步生莲》

莫高窟壁画

敦煌莫高窟壁画《天降瑞兆》

的可怕面貌。隋唐是我国封建社会的鼎盛时期，"贞观之治"和"开元盛世"不仅带来了社会安定，政治清明，还使得边境不再有连绵的烽火，同时和远近各个国家的商贸活动频繁活跃。随着经济的发展，文化交流也随之盛行。所以此时敦煌壁画"本生故事"题材极少，流行的是"经变故事"。正如黄骏在《唐代敦煌壁画人物风格研究》一文中的描述："佛教此时的'净土宗'和'禅宗'开始发挥影响。他们善于影响和号召社会各个层面的信徒，'西方净土'的'极乐世界'宣扬的是'享乐'精神，这和唐代，尤其是盛唐社会的富庶，以及追求绚丽

敦煌莫高窟第 45 窟壁画
《胡商遇盗》

生活情调的整个社会风尚是相呼应的。由此可见，敦煌佛教壁画在题材内容上的变化其实也折射出时代和社会生活情调的变化。"

第 217 窟的化城取宝：

故事讲的是古印度有一个小城市，一群人打算去很远的地方采集珠宝。起初他们都信心十足，可是走到一半，当遇到一座大山的时候，他们开始畏惧，有的人害怕穿越大山的时候会碰到热风，被飞沙走石埋掉；有的人害怕山那边有豺狼虎豹攻击；有的人担心翻山越岭时遇到凛冽的寒风袭击，葬身山谷。于是停止不前，正在这关键的时刻，带路的导师用法力在前面变出了一座美丽的

城市，这些人见到后立刻精力充沛继续前往，来到城市之后，又被眼前的美景所吸引，竟然放弃了取宝的念头，导师见状，用法力将城市消失的无影无踪。经过导师的开导，所有的人又决定继续取宝，最终他们到达了遍地都是珍宝的地方，满载而归。

第 302 窟瓶沙王求子：

古印度的王舍城，国王瓶沙日渐衰老却膝下无子，于是便找了一个相面算命的先生，此人告诉国王，他命中有一个儿子，是正在山上修行的和尚，待三年和尚功德圆满死后，就会投身于此。可是老王等不了三年了，便

敦煌莫高窟第 152 窟壁画

派人将和尚的水源和粮食给断了，可是王后还没有怀孕。再次请来算命先生，先生说和尚的灵魂转为白兔，结果国王将白兔杀死，终于白兔灵魂投生于王后腹中。不久，王后生下太子，19 年后，太子即位。一切都那么顺理成章，但有一天，太子对自己的父王忽生厌恶，便将瓶沙王囚禁起来，还断了他的水源和粮食。老王最终死于狱中，王后百般不解，佛祖告诉她瓶沙对和尚和白兔的行为后，王后恍然大悟，从此不怨不恨，静心念佛，升入极乐世界。

第85窟乞丐变成了富翁：

故事发生在古印度的一个偏僻小国里，一个富翁的儿子走失，不幸沦为乞丐，一晃40年过去了。一天，他无意中回到了故国，来到富翁的门口乞食，富翁见他相貌和年龄与自己丢失的儿子相似，喜出望外，便将他留在家中干活，并暗中观察，终于证明是自己的儿子。此时的富翁已经重病缠身，卧床不起，乞丐将富翁的饮食起居照顾得十分周到，体贴入微，时隔不久，富豪病情加重，就把亲朋好友请来，当众宣布财产全部交给了自己的儿子，也就是这个乞丐，大家对富

敦煌莫高窟第159窟壁画

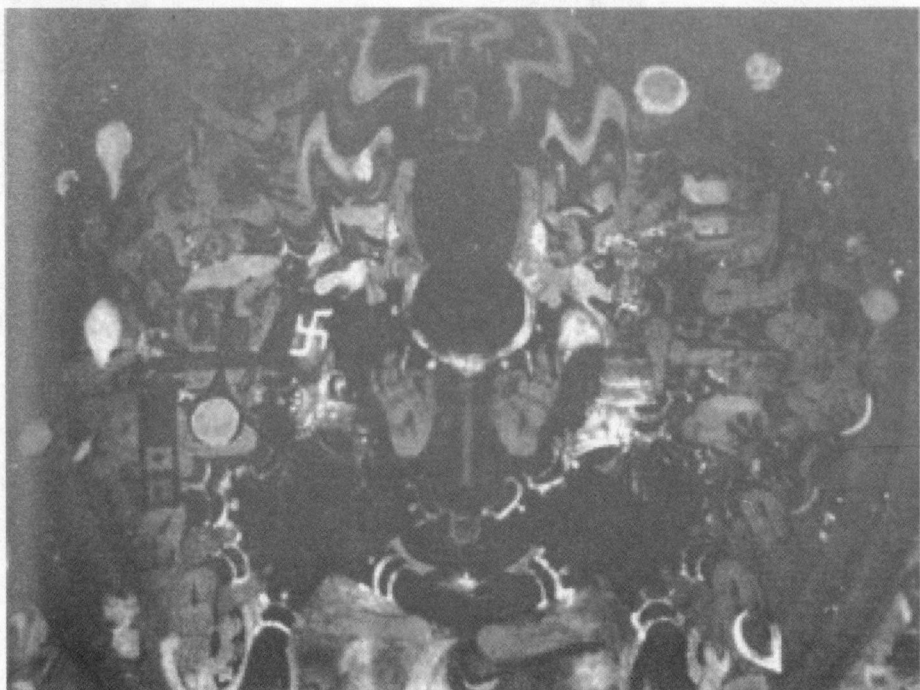
敦煌莫高窟千手观音壁画

翁晚年与儿子团聚表示祝贺，于是流浪乞食的乞丐变成了家财万贯的大富翁。

第 98 窟象护与金象：

古印度的摩羯国，一个德高望重的人喜得贵子，这孩子的降生还带着一只金灿灿的金象，相师为这个孩子取名叫做象护。伴随着孩子的长大，金象也一天天长大，他们形影不离。象护经常与高官贵族的子弟接触，有一次，大家互相诉说家中的奇闻趣事的时候，象护说出了金象的事情。说者无意，听者有心，这件事情被凶残的国王听说，他特别地眼馋，便将象护招入宫中，幸亏象护早有准备，与金象巧脱虎口。

　　（三）密教的影响

　　关于佛法的分类，在《大智度论》卷四
中有具体表述："佛法有两种：一秘密，二
显示。显示中，佛、辟支佛、阿罗汉皆是福
田，以其烦恼尽无余故；秘密中，说诸菩萨
得无生法忍，烦恼已断，具六神通，利益众
生。"在印度，根据所依据经书来分类，以《大
日经》之说为中心所产生之密教，称为真言
乘；以《金刚顶经》之说为中心所形成之密
教，则称为金刚乘。而《宋高僧传》卷三、《净
土指归集》卷上等载，将经、律、论等称为

敦煌莫高窟第 251 窟内景

敦煌莫高窟第 322 窟内景

敦煌莫高窟壁画《萨埵太子
舍身饲虎》

显教，坛场作法、诵持密咒等称为密教。

　　具有独立的思想体系的密教，与先前称为显教的大乘佛教和小乘佛教相比，存在着许多的不同。首先两者的教主不同，显教的教主是释迦牟尼，而密教的教主是大日如来。其次是两者的传教方式不同，显教的教法，因为它的教义带有浅显性和随他性，所以信徒可以通过自学经典而获得，不一定要师父传授，也不用有特定的仪式。而密教则不同，它的教义是秘密的、深奥的、随自意的，是

敦煌莫高窟第 465 窟壁画

大日如来自说内心证悟的真理，所以必须通过师父传授才能领受，而且必须有一定的仪式。灌顶用象征如来智慧的甘露水灌浇头顶。仪式是信徒从皈依到成为阿阇梨（导师）都要经历的一系列活动。仪式有结缘灌顶、有学法灌顶、有受戒灌顶、阿阇梨灌顶，这些灌顶仪式都必须在有相应布置的坛场内进行。密教的三种修行法门：身密（指的是手写本尊的印契）、口密（指的是口诵本尊的真言）、意密（指的是内心观想本尊，即进入禅定的境界）。

虽然密教在佛教历史上与显教地位相同，但是鉴于显教的通俗易懂，所以莫高窟壁画中，除了晚唐时期出现了少量的密教题材之外，其他时期的莫高窟壁画中极少出现密教题材。密教题材最著名的当属第465窟，它位于莫高窟北区崖面北段二层，建于西夏时期，是莫高窟仅存以密教艺术为题材、风格绘制壁画的洞窟。沙武田先生在《敦煌文明再现》一书中对此窟作了具体描述："前室为一完整覆斗顶方形室，各壁均无壁画，仅绘以藏式佛塔几座，并有其他简单纹样。主室也为覆斗顶，中央设多层圆形佛坛，其上原有密宗曼荼罗双身塑像。窟顶藻井及四坡绘画表

敦煌莫高窟壁画

敦煌莫高窟佛像及壁画

现'五智圆通'的大日如来、宝生佛、无量寿佛、不空成就佛等；四壁绘双身像曼荼罗多铺。四壁底层小方格内绘制各类匠师、职业者供养，原均贴有藏汉互译的纸条为题记。"

第465窟中的双身像题材由于是通过所谓交媾形式表现宗教中的情欲问题，由于人们对佛教绘画持有基本的无情欲的伦理要求，因此对此双身像的接受与解释因个人对文化与信仰的不同理解而有差别，所以双身像多年来一直被学术界极力回避。但是为什么会有双身像呢？密宗戒律里有严格规定，以图片、文字、

敦煌莫高窟第 35 窟《天王菩萨》壁画

敦煌莫高窟第 45 窟西壁佛龛及彩塑

敦煌莫高窟佛像壁画

讲说等方式，在非为密宗根基者前公开展示、宣传密法，并令彼等生起对密法的邪见，此等行为均属破戒之举。所以只可在此略作说明：对这种双身塑像不应以世间凡夫不清净的分别念去妄加揣度，它们根本就不是男欢女爱的象征，也绝非是在鼓动众生的无明与贪爱。男身代表的一般是方便或显现，女身则代表了智慧或空性。

莫高窟壁画